Das Unternehmenscockpit

Arnold Weissman · Tobias Augsten
Alexander Artmann

Das Unternehmenscockpit

Erfolgreiches Navigieren in schwierigen
Märkten

Prof. Dr. Arnold Weissman
Tobias Augsten
Dr. Alexander Artmann
Weissman & Cie. GmbH & Co. KG
Nürnberg, Deutschland

ISBN 978-3-8349-4126-8   ISBN 978-3-8349-4127-5 (eBook)
DOI 10.1007/978-3-8349-4127-5

Die Deutsche Nationalbibliothek verzeichnet diese Publikation in der Deutschen Nationalbibliografie; detaillierte bibliografische Daten sind im Internet über http://dnb.d-nb.de abrufbar.

Springer Gabler
© Gabler Verlag | Springer Fachmedien Wiesbaden 2012

Lektorat: Stefanie A. Winter
Einbandentwurf: KünkelLopka GmbH, Heidelberg

Gedruckt auf säurefreiem und chlorfrei gebleichtem Papier

Springer Gabler ist eine Marke von Springer DE.
Springer DE ist Teil der Fachverlagsgruppe Springer Science+Business Media
www.springer-gabler.de

Vorwort

„Navigieren in unsicheren Gewässern" ist seit Jahrhunderten die Kunst der Kapitäne dieser Welt. Je unsicherer die Gewässer werden, umso mehr muss man auf gutes Kartenmaterial, genaue Navigationsinstrumente zur exakten Bestimmung der Position und die möglichst genaue Prognose des Wetters achten. Der Kapitän sollte das Echolot im Auge haben und die Klippen in der Umgebung als Frühindikatoren von Untiefen beobachten.

Eines steht heute fest: Für „Unternehmenskapitäne" in Deutschland werden die Gewässer zukünftig unsicherer.

Die Finanzkrise nach 2007 hat uns gezeigt, dass Märkte mit einer so hohen Geschwindigkeit und so tief einbrechen können, wie man es sich über Jahrzehnte kaum vorstellen konnte. Die akute Krise der europäischen Währungsunion und die Haushaltskrise in den USA werden wirtschaftliche Folgen haben, die heute noch nicht absehbar sind.

Zudem fordert der demografische Wandel seinen Tribut: Die demografische Entwicklung in Europa wird mittelfristig eine fundamentale Veränderung in den Binnenmärkten auslösen. Die bereits seit Langem rückläufigen Geburtenraten bewirken eine Umkehrung der Bevölkerungspyramide. Die sozialen Systeme sind darauf nicht ausgerichtet, die Kaufkraft von Verbrauchern wird in Altersvorsorge umgelenkt werden. Somit wird die Binnenwirtschaft mittelfristig stagnieren. Die Ära der volkswirtschaftlichen Rahmenbedingung „Wachstum" geht zu Ende.

Das Rad der Krise dreht sich wohl unaufhörlich weiter: Waren es ursprünglich nur die Banken, die betroffen schienen, so wird uns mit den offenkundigen Problemen klar, dass aus einer Krise, die ihren Ursprung im amerikanischen Immobilienmarkt hatte, eine generelle Kreditkrise wurde, die mittlerweile jeden Winkel unserer globalisierten Welt erreicht hat. Der ganze europäische und asiatische Raum sind inzwischen infiziert, und so entwickeln sich Krisen in einzelnen Wirtschaftsräumen schnell zu globalen Krisen.

Die Regierungen der europäischen Länder sind aufgrund der hohen Staatsverschuldungsquoten am Rande ihrer Handlungsfähigkeit. Es wird in Zukunft kaum Spielräume mehr geben, auf international begründete Krisen mit staatlichen Sonderkonjunkturprogrammen zu reagieren.

Die Wirtschaftswelt ist volatiler geworden. Die Herausforderung für die Unternehmensleitung liegt darin, sich mit diesen geänderten Rahmenbedingungen zu verändern, das heißt ihre Managementinstrumente anzupassen.

Das vorliegende Buch soll einen Beitrag dazu leisten, dass „Unternehmenskapitäne" in den unsicher werdenden Gewässern besser navigieren können. In dieses Buch ist die Erfahrung aus einer Vielzahl von Projekten in Unternehmen eingeflossen, deren Ziel es war, die Steuerungsqualität in Unternehmen zu verbessern und Instrumente zur Krisenprävention einzuführen. Es ist von Praktikern für Praktiker geschrieben.

Unser besonderer Dank gilt denen, die uns unterstützt haben und ohne die ein solches Buchprojekt nicht zu bewältigen wäre, allen voran Andrea Przyklenk, Sabine Anhölcher und Marcel Megerle.

Professor Dr. Arnold Weissman, Tobias Augsten, Dr. Alexander Artmann

Inhalt

Über die Autoren

Prof. Dr. Arnold Weissman

Prof. Dr. Arnold Weissman ist Professor für Unternehmensführung an der Hochschule Regensburg, Leiter des Kompetenz-Centers Strategie am St. Galler Management-Programm und Erfolgsstratege für inhaber- und familiengeführte Unternehmen. Bekannt wurde Arnold Weissman durch seinen strategischen Ansatz der „Zehn Stufen zum Erfolg", konzipiert für Familienunternehmen und deren Herausforderungen. Der Gründer und Gesellschafter von Weissman & Cie. und des Weissman Instituts für Familienunternehmen ist auch Autor zahlreicher Fachbücher und praxisorientierter Fachartikel.
weissman@weissman.de

Tobias Augsten

Diplomkaufmann Tobias Augsten trat 1993 direkt nach seinem Universitätsabschluss die Nachfolge im eigenen Familienunternehmen an und war sieben Jahre in der Geschäftsführung tätig. Seine akademische Ausbildung absolvierte er an der Universität Bayreuth und European Business School in Oestrich-Winkel.
Tobias Augsten ist Gesellschafter von Weissman & Cie. und seit 2011 Aufsichtsrat der Rödl Consulting AG. Er ist Lehrbeauftragter an der Zeppelin Universität Friedrichshafen und Mitglied der Strategic Planning Society in London.
Sein fachlicher Schwerpunkt liegt im Aufbau von Kennzahlensystemen für Familienunternehmen. Er hat bisher mehr als 70 Familienunternehmen aus den unterschiedlichsten Branchen strategisch begleitet.
augsten@weissman.de

Dr. Alexander Artmann
Durch seinen technischen und betriebswirtschaftlichen Hoch-schulabschluss kann Dr. Alexander Artmann auf ein breites Qualifikationsniveau zurückgreifen. Seine berufsbegleitende Promotion zum Thema „Erfolgreiche Geschäftsmodelle von Familienunternehmen" rundet sein wissenschaftliches Aus-bildungsprofil ab. Seit dem Jahr 2000 ist er als Strategieberater in Familienunternehmen tätig und gilt als Experte in strategi-schen Fragestellungen. Hierzu zählt u.a. auch der Aufbau des Unternehmenscockpits als strategisches Controllinginstrument. Durch die Gründung eines eigenen Produktionsbetriebs in der zerspanenden Präzisionstechnik verbindet Dr. Alexander Art-mann zwei Welten: Beratung und Unternehmertum.
artmann@weissman.de

Abbildungsnachweis

Einführung

1

Wussten Sie, dass 99,99 Prozent aller Flugzeuge an ihrem Zielflughafen ankommen, aber über 17.300 Unternehmen allein im ersten Halbjahr 2011 ihr Ziel verfehlt haben? Sie mussten Insolvenz anmelden. Sie haben im Unterschied zu den Piloten kein Navigationssystem an Bord, doch das ist unerlässlich.

- Das Navigationssystem hält die aktuellen Koordinaten vor (Eigensituationsanalyse).
- Das Ziel wird präzise erfasst.
- Der Weg zum Ziel wird ebenso präzise digital erfasst (Strategie).
- Bei Turbulenzen erfolgt eine permanente Kursanpassung, während das Ziel bleibt (Maßnahmen).
- Der Pilot hat während des Flugs alle wesentlichen Informationen in seinem Cockpit.

▶ Als Führungskraft haben Sie eine vergleichbare Position wie der Pilot in einem Flugzeug. Sie steuern Ihr Gefährt zuweilen durch Turbulenzen, und Sie haben dabei eine äußerst verantwortungsvolle Aufgabe. Kein Pilot auf dieser Welt käme auf die Idee, sein Flugzeug ohne Instrumentenanzeige zu steuern. Warum gehen dann so viele Führungskräfte dieses doch ganz offensichtlich höchst gefährliche Wagnis ein?

1.1 Sicherer Flug oder Blindflug?

Gehen wir einmal davon aus, dass Sie als Unternehmer alles richtig gemacht haben: Ihr Unternehmen kennt seine Kernkompetenzen und den Markt, Sie haben eine Strategie entwickelt, verfügen über gute Mitarbeiter und Führungskräfte, und doch bleibt der Erfolg aus. Dafür gibt es sicherlich verschiedene Ursachen, aber eine der wahrscheinlichsten ist, dass die Strategie zwar entwickelt, aber nicht umgesetzt wurde.

Der Wirtschafts- und Sozialwissenschaftler Prof. Dr. Hardy Wagner hat Erfolg in seinem Konzept „Stufen zum Erfolg" als „die persönliche Zufriedenheit aus Art und Grad der Zielerreichung" definiert. Wenn man ein Jahr nach einem Strategieentwicklungsprozess

A. Weissman et al., *Das Unternehmenscockpit*,
DOI 10.1007/978-3-8349-4127-5_1, © Gabler Verlag | Springer Fachmedien Wiesbaden 2012

in ein Unternehmen kommt und die Mitarbeiter fragt, was sich im letzten Jahr verändert hat, bekommt man häufig die Antwort: „Gar nichts". Genau diese Antwort macht das Dilemma vieler strategischer Konzeptionen deutlich. Die in Workshops gesammelten Ideen und erarbeiteten Konzepte werden nicht umgesetzt. Sie gehen – trotz der unumstritten großen Bedeutung – im Tagesgeschäft unter. Es wird weiter gemacht wie bisher. Die große Strategie kommt bei den Mitarbeitern nicht an. Sie bleibt ein wenig greif- und begreifbares Gebilde, das sich in schönen Worten, Leitsätzen und Absichten erschöpft.

Worten müssen Taten folgen Genau diese Lücke zwischen strategischer Planung und operativer Umsetzung schließt das Unternehmenscockpit. Die strategischen Themen werden in operativ greifbare Projekte und Maßnahmen umgesetzt und gemessen. Sie werden auf Ziele für Abteilungen, Gruppen und jeden einzelnen Mitarbeiter heruntergebrochen. Dadurch weiß jeder, was sein Beitrag zum Unternehmenserfolg ist. Die Unternehmensführung sieht frühzeitig, wohin die Entwicklung des Unternehmens geht.

Weshalb wurden während der Finanzkrise 2009 so viele Unternehmen kalt erwischt? Weil sie die Warnzeichen, die es zuhauf gab, nicht rechtzeitig erkannten. Sie verfügten über keinerlei Frühwarnsysteme. Nirgends blinkte eine rote Lampe, nirgends ging ein Alarm los, der sie darauf aufmerksam machte, dass sich die Welt im Ungleichgewicht befand. Als das Ausmaß des Desasters ans Licht kam, war es für viele Unternehmen schon zu spät, noch an den Stellschrauben zu drehen, die sie hätten retten können.

Das Unternehmenscockpit hilft im Sinne einer Strategielandkarte, mit den Perspektiven Markt/Kunde, Prozesse, Mitarbeiter/Führung und Finanzen, die manchmal etwas abstrakte Form einer Strategie in konkrete Handlungen umzusetzen. Es dient dazu, Strategie und Vision systematisch zu konkretisieren, wirkungsvoll in Aktionen zu überführen und so in die Organisation zu tragen. Es formuliert Ziele, macht diese messbar und operationalisiert sie durch strategische Maßnahmen. Somit beeinflusst es das Verhalten der Mitarbeiter. Je besser ein Unternehmenscockpit die Strategie zum Ausdruck bringt, desto stärker wird das Verhalten der gesamten Organisation in Richtung von Vision und Strategie gelenkt. Es ist ein exzellenter Beitrag zur Unternehmenssicherung, da es als Frühwarnsystem für alle strategisch relevanten Aspekte des Unternehmens dient. Mit wenigen, aussagefähigen Kennzahlen bildet es die Logik Ihres Unternehmens ab. Sie steuern mit einem Frühwarnsystem, das Ihnen hilft, den Kurs rechtzeitig zu korrigieren, wenn es notwendig ist. Eine systematische Unternehmenssteuerung ist nichts anderes als die Fähigkeit, frühzeitig die Ursachen für die Entwicklung des Unternehmens zu erkennen und rechtzeitig die richtigen Maßnahmen einzuleiten. Es ist weder Hexenwerk noch Zauberei, sondern in vielen Fällen handwerkliche Arbeit. Doch sie muss gemacht werden – und sie lohnt sich.

1.2 Nutzen des Unternehmenscockpits

Alle Unternehmen – egal welcher Branche – vereint, dass die Mitarbeiter Produkte oder Leistungen erbringen, die bei Kunden beziehungsweise auf den Märkten abgesetzt werden. Alle diese Handlungen führen zu Ausgaben und/oder Einnahmen, die sich im Finanz-

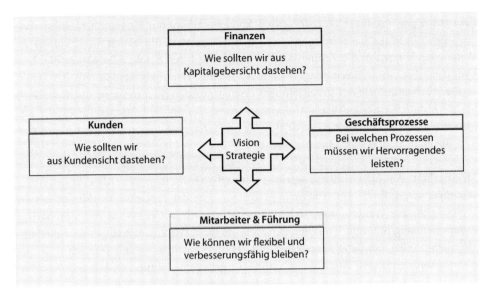

Abb. 1.1 Die vier Perspektiven des Unternehmenscockpits

ergebnis widerspiegeln. Aus dieser einfachen Logik heraus wurde das Unternehmenscockpit mit seinen vier Perspektiven entwickelt, mit denen sich alle Unternehmen auseinandersetzen müssen (s. auch Abb. 1.1):

1. Markt/Kunde
2. Prozesse
3. Mitarbeiter/Führung
4. Finanzen/Risiko

Für alle vier Bereiche werden individuell die wichtigsten Schlüsselzahlen festgelegt und definiert, die in festgesetzten Abständen erhoben werden. Ein Ampelsystem gibt darüber Auskunft, ob Handlungsbedarf besteht oder ob alles im grünen Bereich ist.

Flexibilität Das Unternehmenscockpit ist kein starres Gebilde, das schematisiert eingerichtet wird, sondern es ist genauso lebendig wie Ihr Unternehmen. Es ist so flexibel, dass es für jede Branche und jedes Unternehmen, egal welcher Größe, genutzt werden kann. Es lässt sich den speziellen Gegebenheiten und der Strategie eines jeden Unternehmens anpassen. Einmal eingerichtet, kann es jederzeit angepasst, geändert und weiterentwickelt werden. Wenn Sie Ihre Strategie weiterentwickeln oder an veränderte Bedingungen anpassen, müssen auch die Kennzahlen angepasst werden. Den vier Perspektiven können weitere Dimensionen hinzugefügt werden, allerdings sollte man darauf achten, dass das System handhabbar bleibt und nicht zu kompliziert wird.

Erkenntnisgewinn Das Unternehmenscockpit liefert nicht nur Finanzzahlen, sondern es zeigt Ihnen, wie Ihr Unternehmen tatsächlich funktioniert. Sie lernen die Ursachen der Wirkungen kennen und erkennen so die Gründe für Ihren Erfolg oder Misserfolg. Eine Umsatzwachstumsrate alleine sagt noch nicht viel aus. Daran können Sie lediglich sehen, ob die Wachstumsziele des Unternehmens erreicht wurden. Erst wenn sie die Kausalkette bis zur Mitarbeiterperspektive verfolgen, erkennen Sie, wo die Ursachen für Erfolg oder Misserfolg liegen. Auf diese Weise denken sie im System. Sie ersparen sich Ad-hoc-Aktionen, die nicht an den Wurzeln ansetzen.

Messbarkeit Was man nicht messen kann, kann man nicht managen. Alles für den Erfolg Wichtige, was in Ihrem Unternehmen geschieht – von der Produktentwicklung über die Werbung bis zur Weiterbildung der Mitarbeiter – wird im Cockpit in einen messbaren Zusammenhang mit dem Unternehmenswert gebracht. Voraussetzung ist, dass die Leistungskennzahlen sorgfältig ausgewählt und definiert wurden. Sie müssen sich eindeutig Zielen zuordnen lassen, durch ihren Namen die genaue Bedeutung signalisieren und Teil einer ganzheitlichen Sichtweise auf das Unternehmen sein.

Ohne Strategie geht es nicht Jedes strategische Steuerungssystem, so auch das Unternehmenscockpit, steht und fällt mit einer zuvor sorgfältig ausgearbeiteten Unternehmensstrategie und den daraus folgenden strategischen Ober- und Unterzielen. Sie müssen eine Strategie haben, um aus dem Unternehmenscockpit Nutzen zu ziehen. Sie sollten wissen, wo Sie starten, was Ihr Ziel ist und wie Sie dorthin gelangen. Grundvoraussetzung für eine richtige und nachhaltige Wirkung Ihres Unternehmenscockpits ist eine Überprüfung der Unternehmensstrategie und gegebenenfalls die Erarbeitung eines vollständigen strategischen Konzepts, am besten mit der ganzen Mannschaft.

Die Vorteile des Cockpits in Kürze:

- Es erhöht die Transparenz im Unternehmen,
- stellt sicher, dass jeder in Ihrem Unternehmen die Strategie kennt,
- ist ein Motivations- und Kommunikationsinstrument, das durch seine ganzheitliche Sichtweise Ressortegoismen und Abteilungsdenken sprengen kann,
- hilft, sich auf das Wesentliche zu konzentrieren und dadurch Zeit zu sparen,
- befähigt, Faktoren zu identifizieren, die nicht wie angestrebt sind,
- übersetzt die Strategie ins operative Geschäft,
- leitet konkrete Maßnahmen mit strategischer Relevanz ab,
- ist ein Führungsinstrument, da es jeden Mitarbeiter aktiv in die Strategie einbindet und die zur Erreichung der Vision benötigten Kompetenzen sichtbar macht,
- ist ausgewogen, da kurz- und langfristige, finanzielle und nicht finanzielle Aspekte einfließen,

- ist ein Frühwarnsystem, das Ihnen Zeit verschafft, entsprechende Maßnahmen zu ergreifen, bevor sich das Ergebnis in den Finanzkennzahlen widerspiegelt,
- ist praxiserprobt.

Weiterführende Literatur

Kaplan, R. S., und D. P. Norton. In: Harvard Businessmanager 5/98.
Wagner, Hardy, und Sabine Gries. 2007. *Stufen zum Erfolg*. Landau: Verlag Empirische Pädagogik.

Am Anfang steht die Strategie

2

Lassen Sie uns diese Aussage gleich wieder ein wenig relativieren. Tatsächlich ist jedes Unternehmenscockpit ohne eine Strategie, auf der es aufsetzt, ziemlich sinnlos. Deshalb steht die Strategie am Anfang Ihres Unternehmenscockpits. Allerdings ist auch die Strategie in einen größeren Zusammenhang eingebettet. Wir nennen das von uns in vielen Jahren Beratungsarbeit mit Familienunternehmen entwickelte und getestete zehnstufige System das „System Weissman" – ein Strategiesystem, das in zehn Stufen systematisch zum Erfolg führt. Die ersten sechs Stufen befassen sich mit dem Strategiecheck, um den es auch in diesem Kapitel geht. Die eigentliche Strategieentwicklung ist dabei die sechste Stufe. Davor gilt es erst einmal, sich mit dem Unternehmen selbst und seinem Umfeld zu befassen. Wie wollen Sie eine Strategie entwickeln, wenn Ihnen dafür elementare Informationen über Ihr Unternehmen fehlen? Dieses Kapitel befasst sich mit den Grundlagen für jede Strategieentwicklung (s. Abb. 2.1).

„Ich kenne mein Unternehmen", werden Sie sagen. Aber ist das wirklich so? Kennen Sie tatsächlich die Stärken und Schwächen Ihres Unternehmens, die Chancen und Risiken? Haben Sie jemals die Visionen und Werte in Ihrem Unternehmen definiert oder „sind sie einfach da"? Kennen Sie Ihren Markt, die Bedürfnisse Ihrer Kunden und Ihre Branche? Wissen Sie, welche künftigen sozialen, technischen, rechtlichen und ökologischen Trends die Zukunft Ihres Unternehmens beeinflussen werden? Haben Sie Ihr Geschäftsmodell entsprechend ausgerichtet?

Die Erfahrung hat uns gelehrt, dass strategische Arbeit Zeit und Gründlichkeit erfordert. Nehmen Sie sich die Zeit, sich mit Ihrem Unternehmen, seinen Potenzialen und den Risiken zu befassen. Wir möchten, dass Ihnen dieses Buch dabei hilft, eine solide Strategie für Ihr Unternehmen zu erarbeiten. Das Cockpit wird Ihnen das Werkzeug an die Hand geben, Ihr Unternehmen sicher durch gute und schlechte Zeiten zu steuern und den Unternehmenserfolg nachhaltig zu steigern.

A. Weissman et al., *Das Unternehmenscockpit*,
DOI 10.1007/978-3-8349-4127-5_2, © Gabler Verlag | Springer Fachmedien Wiesbaden 2012

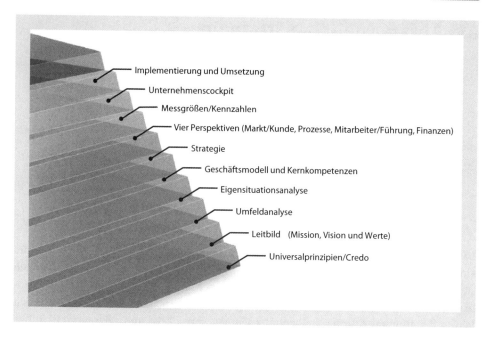

Abb. 2.1 Das System Weissman

2.1 Universalprinzipien des Erfolgs

Wenn man sich mit der Frage des Erfolgs befasst, stößt man schnell auf die Natur als Vorbild. In der Natur ist klar, wer Erfolg hat: derjenige, der überlebt. Die Natur zeigt uns seit Milliarden von Jahren, wie Überleben funktioniert. Es wäre geradezu vermessen, wenn wir die Vorbilder, die uns die Natur liefert, nicht auch für das Führen von Unternehmen und sozialen Organisationen verwenden würden. Wir begreifen das Unternehmen als einen lebendigen Organismus, ein Energiesystem. Mit den Universalprinzipien des Erfolgs haben Sie eine Grundlage, auf der Sie all Ihre Überlegungen und Entscheidungen aufbauen können. Dabei sollten Sie ganzheitlich vorgehen. Nur wenn Sie diese Prinzipien immer und in allen Bereichen anwenden, werden Sie Erfolg haben.

2.1.1 Prinzip 1: Survival of the fittest

Die Erkenntnis, dass in der Natur nur das System überlebt, das sich am besten an veränderte Rahmenbedingungen anpassen kann, geht auf Charles Darwin zurück. Leider wurde seine Aussage mit „der Stärkste überlebt" oft falsch übersetzt. Der entscheidende Faktor für das Überleben ist nicht Stärke, sondern die Fähigkeit, sich anzupassen. Veränderung war zu allen Zeiten das tragende Element unserer Entwicklung. Ohne Veränderung gibt es keine Entwicklung. Neu ist die Dynamik, in der sich der Wandel heute vollzieht. Nicht zuletzt deshalb ist Change-Management heute eines der beherrschenden Themen.

Die besseren Chamäleons

Dem Chamäleon wird die Fähigkeit zugeschrieben, sich perfekt seiner Umgebung anzupassen, indem es die Farbe wechselt. Neue Forschungen entlarven diese Annahme als Trugschluss. Das Chamäleon kann zwar seine Farbe und manchmal sogar seine Erscheinung verändern, doch nicht, um sich vor seinen Feinden zu schützen oder sich seiner Umgebung anzupassen. Die Veränderung ist seine Art zu kommunizieren. Der Farbwechsel zeigt zum Beispiel Paarungsbereitschaft, Stress oder Unterwerfung.

Die wahren Chamäleons sind eher Ratten und Kakerlaken. Diese beiden Tiere sind zwar nicht gerade beliebt, aber zwei der besten Beispiele für Arten, die sich den herrschenden Bedingungen perfekt anpassen. Ratten zum Beispiel sind überall verbreitet. Sie leben überwiegend in Wäldern, und zwar in tief gelegenen Regenwäldern ebenso wie in Gebirgswäldern. Sie sind boden- und baumbewohnend. Außerdem haben sie sich dem Menschen als Kulturfolger perfekt angepasst und können in großen Städten ebenso überleben wie in ihrer natürlichen Umgebung. Das haben sie unter anderem ihrer Fähigkeit zu verdanken, sich von nahezu allem zu ernähren, sogar von Seife, Papier, Stoffen und Pelzen.

Ganz ähnlich verhält es sich mit den Kakerlaken. Biologen der Universität Queensland in Brisbane/Australien haben festgestellt, dass die Insekten 40 min lang den Atem anhalten können, um damit Wasser zu sparen. So können sie auch bei extremer Trockenheit überleben. Auf den Klimawandel sind sie nach Ansicht der Biologen bestens vorbereitet. Kakerlaken gibt es seit 300 Mio. Jahren. Sie haben Eiszeiten, Hitzeperioden und Erdbeben überlebt. Selbst die Atombombentests auf dem Bikini-Atoll konnten ihnen nichts anhaben. Wissenschaftler haben herausgefunden, dass sie eine 150-mal höhere Strahlendosis vertragen als der Mensch. Sie gelten als nahezu unausrottbar. Wie die Ratten sind sie ein Kulturfolger des Menschen, Kosmopoliten und können sich von Holzwolle, Schaumstoffresten und Schuhsohlen ernähren, wenn nötig. Dabei sind sie äußerst genügsam.

Wandel löst in Organisationen Stress aus und macht vielen Menschen Angst. Oft überfordern Veränderungen sowohl den Einzelnen als auch die Organisation. Deshalb wehren sie sich dagegen. Trotzdem ist jedes Unternehmen wandlungsfähig. Führungskräfte müssen vorausgehen, die Zukunft neu definieren und auf der Grundlage von Visionen das Unternehmen in Neuland führen. Marktturbulenzen können genutzt werden, um über eine neue Modellierung des Unternehmens nachzudenken. Nur wer sich anpasst, wird überleben.

▶ Je stärker sich die Rahmenbedingungen verändern, desto stärker muss sich auch das Unternehmen verändern.

2.1.2 Prinzip 2: Kybernetik – Schwungrad oder Teufelskreis?

Die Kybernetik ist die Lehre von sich selbst steuernden Regelkreisen. Die Metapher dafür ist die Spirale, die je nach Verlauf Schwungrad oder Teufelskreis für ein Unternehmen sein kann. Das bedeutet in letzter Konsequenz: Wenn alles stimmt, ist der Erfolg zwangsläufig und nicht aufzuhalten. Kernpunkt der Kybernetik ist das positive Denken, das in dem Satz kumuliert: „Jeder Mangel ist eine Chance".

Wenn wir diese Sichtweise verinnerlichen, vervielfachen sich auf einen Schlag unsere Chancen. Das gilt nicht nur für Unternehmen, sondern für das ganze Leben. Statt die Ist-Situation, die oft von Problemen geprägt ist, zu bekämpfen, erkennen wir plötzlich ihre Chancen. Ist als Universalprinzip jedes Problem systemimmanent eine Chance, sollte es für jedes Unternehmen eine zwingende Aufgabenstellung sein, sich auf die konzentrierte Suche nach wichtigen Problemen im Markt zu begeben. Das Herzstück jedes Unternehmenserfolgs ist deswegen die Identifikation von relevanten Kundenproblemen, vor allem von zukünftigen. Dafür ist es notwendig, sich auf das Wesentliche zu konzentrieren und alles Unwesentliche wegzulassen. Der Unternehmenserfolg lässt sich durch nichts einfacher unterstützen als durch das Weglassen nicht wertschöpfender Aktivitäten.

Im letzten Schritt der Spirale muss die Lösung der zentralen Probleme Ihrer Kunden sichtbar und für den Kunden wahrnehmbar gemacht werden. Sie müssen mit dem Markt und Ihren Kunden kommunizieren und ein Bild Ihres Unternehmens vermitteln, das Ihre Kompetenz, Ihre Zuständigkeit und Fähigkeit darstellt. Nur indem Sie sie sichtbar machen, können Ihre Lösungen multipliziert werden. Sie müssen bei Ihren (potenziellen) Kunden die Rolle als Kompetenzführer besetzen.

Wenn Sie die Lösung zentraler Kundenprobleme, die Konzentration und sichtbare Kompetenz verbinden, erhalten Sie die Erfolgsspirale. Fehlt nur einer dieser drei Faktoren, so wird aus dem kybernetischen Schwungrad der Teufelskreis – eine Abwärtsspirale, die sich kaum aufhalten lässt. Austauschbare Leistung – wenige Kunden – geringer Preis – sinkende Rendite (s. Abb. 2.2).

Stellen Sie sich folgende Fragen:

- Ist Ihr Unternehmen ein Produktanbieter oder lösen Sie Kundenprobleme?
- Konzentrieren Sie sich auf die Dinge, die Sie wirklich besser können, oder sind Sie Teil der Armee der Durchschnittlichen?
- Bauen Sie sichtbare Kompetenz durch Ihre Kommunikation auf oder überlassen Sie die Kommunikation dem Zufall?

► Wer zentrale Kundenprobleme sichtbar besser löst als andere, der löst einen kybernetischen Kreislauf aus, mit dem sein Erfolg unaufhaltsam ist.

2.1.3 Prinzip 3: Die Minimumfaktoren beachten

Der Agrarwissenschaftler Philipp Carl Sprengel veröffentlichte 1828 im „Journal für technische und ökonomische Chemie" einen Beitrag mit dem Titel „Von den Substanzen der Ackerkrume und des Untergrundes". In diesem Beitrag legte er den Grundstein für das Liebigsche Minimumgesetz, benannt nach dem Naturwissenschaftler, Nobelpreisträger

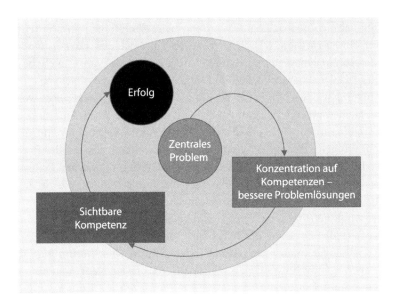

Abb. 2.2   Die Erfolgsspirale

und Begründer der organischen Chemie, Justus von Liebig. Es besagt, dass Pflanzen für ein gesundes Wachstum ein optimales Maß an verschiedenen Wirkstoffen brauchen. Fehlt ein Wirkstoff oder ist zu wenig davon vorhanden, wird das Wachstum gestört.

Jeder, der Pflanzen in der Wohnung oder im Garten hat, weiß: Vergisst man zu gießen oder gießt zu viel, vergisst man den Dünger oder düngt zu viel, wächst die Pflanze nicht richtig, Blätter werden welk oder Blüten fallen ab. Im schlimmsten Fall geht die Pflanze ein. Zu viel ist ebenso ungesund wie zu wenig. Es geht darum, die richtige Balance zu finden. Die Dosis macht den Unterschied, ob ein Mittel ein Heilmittel oder ein Gift ist. Diese Erkenntnis, die wir Paracelsus verdanken, gilt auch für Unternehmen. Unternehmer, die sich als Gärtner und Winzer begreifen, müssen immer wieder neu definieren, was die Minimumfaktoren sind, ob wir mehr in Controlling, mehr in Marketing, mehr in Mitarbeiterentwicklung oder in die Kundenbeziehung investieren müssen. Aus jeder positiven Eigenschaft kann eine negative Eigenschaft werden – aus zu ordentlich wird pedantisch, aus zu kontaktfreudig wird aufdringlich und aus zu lebhaft wird zappelig.

▶ Suchen Sie nicht nur nach externen Minimumfaktoren, also den zentralen ungelösten Problemen Ihrer Kunden, sondern suchen Sie auch nach den internen Minimumfaktoren. Sie sind es, die das Wachstum Ihres Unternehmens am stärksten beeinflussen.

2.1.4   Prinzip 4: Keine Wirkung ohne Ursache

Wer Schmerzen hat, nimmt normalerweise ein Schmerzmittel. Damit bekämpft er das Symptom, aber nicht die Ursache. Er kennt sie meistens nicht einmal. Dasselbe kann man auch in Unternehmen beobachten. Es wird versucht, Symptomen und Nebenwirkungen zu begegnen, ohne zu wissen, was die Ursache des Übels ist. Eine kurzfristige Maßnahme jagt die andere, ohne jemals zu dauerhaftem Erfolg zu führen. Wäre es nicht besser, an die Ursachen der Probleme heranzugehen und sie wirklich zu lösen?

Isaac Newton hat bewiesen: keine Wirkung ohne Ursache. Doch selbst wenn wir das akzeptieren, bleiben uns die Zusammenhänge oft verborgen. Auch der Erfolg oder Misserfolg von Unternehmen wird von Ursachen bestimmt. In Verbindung mit der Aussage, dass man ein Problem nie auf der Symptomebene lösen kann, also auf der Ebene, auf der es auftritt, wird klar, dass wir tiefer graben müssen. Oft liegen zwischen Erfolg und Misserfolg Jahre oder Jahrzehnte. Audi hat über ein Jahrzehnt gebraucht, um aus einer „Blechbüchsenfabrik" einen Weltklassekonzern zu machen. Hennes & Mauritz wurde 1947 gegründet, der Erfolg setzte erst nach fast einem halben Jahrhundert ein.

Wenn Sie nach den Ursachen der Wirkungen suchen, sollten Sie es machen wie Kinder: Fragen Sie unaufhörlich und penetrant nach dem Warum. Ein Warum mag zum nächsten führen, aber irgendwann sind sie am Grund der Sache angelangt und können endlich wirksame Gegenmittel ansetzen.

▶ Wenn Sie Erfolg haben wollen, sollten Sie nicht die Symptome kurieren, sondern auf jeder Ebene nach den Ursachen der Wirkungen suchen.

2.1.5 Prinzip 5: Loslassen lernen

Wenn Sie ein altes Haus kaufen möchten, machen Sie in der Regel eine gründliche Bestandsaufnahme, damit Sie wissen, worauf Sie sich einlassen und wie viel es Sie kosten wird, das Haus zu sanieren. Tun Sie das nicht, werden Sie immer wieder auf Mängel stoßen, die beseitigt werden müssen. Sie können nicht verlässlich planen. Viele Immobilienkäufer erliegen dem Charme eines Hauses, verzichten auf eine Bestandsaufnahme und verdrängen die Tatsache, dass das Haus marode ist.

So geht es auch in manchen Unternehmen zu. Dabei ist die Fähigkeit loszulassen für jede Form von lernender Organisation von zentraler Bedeutung. Es geht schlicht und ergreifend darum zu akzeptieren, dass die Dinge sind, wie sie sind. Die Vergangenheit ist immer deterministisch, die Zukunft optional. Verabschieden Sie sich von der Vorstellung, dass Sie etwas verändern könnten, ohne die Probleme auf den Tisch zu legen. Viele Probleme verlieren ihren Schrecken, wenn sie ausgesprochen werden. Selbst das übelste Szenario ist nicht so dramatisch, dass man keine Lösung finden könnte. Wenn Sie Probleme nicht auf den Tisch legen und mit der Lösung beginnen, sondern sie stattdessen ignorieren, verbauen Sie sich und Ihrem Unternehmen die Zukunft.

▶ „Die Zukunft ist der Raum unserer Möglichkeiten, der Raum unserer Freiheit." (Karl Jaspers)

2.1.6   Prinzip 6: EKKAN

EKKAN steht für *e*infach, *k*onzentriert, *k*onsequent, *a*usdauernd und *n*ützlich.

Einfach bedeutet in diesem Zusammenhang nicht trivial oder wenig intelligent, sondern klar, übersichtlich und transparent. Die Amerikaner haben dafür die Abkürzung „kiss" geprägt: keep it strictly simple. Wir leben heute in einer Welt von außerordentlicher Komplexität. Wir sind von komplexen Systemen umgeben, die fast jeden Aspekt unseres Lebens durchdringen: globale Handels- und Übertragungssysteme, weltweite Kommunikation in Echtzeit über immer feinere elektronische Netzwerke, automatisierte Fabriken und so weiter. Das alles hat ein wirtschaftliches Umfeld geschaffen, das mit den alten Managementtheorien und -praktiken nicht mehr zu bewältigen ist. Umso wichtiger ist es, dass wir dieser komplexen Außenwelt nicht auch noch eine komplizierte Innenwelt gegenüberstellen. Unternehmer und Führungskräfte sollten deshalb dafür sorgen, dass die internen Strukturen des Unternehmens so einfach und überschaubar wie möglich bleiben. Weniger ist hier mehr.

▶ Das Weglassen wenig wertschöpfender Aktivitäten hilft Ihnen, sich in der verbleibenden Zeit viel besser auf die Dinge zu konzentrieren, die wertschöpfend sind und die Sie beherrschen.

▶ Konzentrieren Sie sich auf Ihr Kerngeschäft.

Exkurs: Pareto-Prinzip
Die 80/20-Regel oder das Pareto-Prinzip wurde nach seinem Entdecker benannt, dem Italiener Vilfredo Pareto, Professor für politische Ökonomie an der Universität von Lausanne im 19. Jahrhundert. Er entdeckte das „berechenbar Unausgewogene", ein statistisches Phänomen. Bei der Untersuchung des Volksvermögens in Italien fand er heraus, dass etwa 20 % der Familien rund 80 % des Vermögens besaßen. Nachdem er das Prinzip mehrfach überprüft hatte, leitete er daraus ab, dass sich die meisten Aufgaben mit einem Mitteleinsatz von nur 20 % erledigen lassen und dabei 80 % aller Probleme gelöst werden können. Als Beispiel, dass das Prinzip funktioniert, dient immer wieder das Zeitmanagement. Mit einem Zeitaufwand von nur 20 % werden 80 % der Ergebnisse erzielt. Das bedeutet, wir verbringen viel zu viel Zeit mit Unnötigem, mit Dingen, die für unseren Erfolg keine Bedeutung haben. Sogar im Internet lässt sich dieses Prinzip nachweisen: 80 % aller Supportanfragen beziehen sich auf dieselben 20 % der Probleme.

Haben Sie sich schon einmal die Frage gestellt, weshalb ein unrentabler Bereich in Ihrem Unternehmen eigentlich so schlechte Ergebnisse erzielt? Oder haben Sie schon überlegt, ob es nicht besser wäre, ein Unternehmen zu haben, in dem nur die rentablen Bereiche konzentriert sind? Wenn Sie Ihre Zahlen überprüfen, werden Sie feststellen, dass die unrentablen Bereiche 80 % der Gemeinkosten verursachen und dass die Gemeinkosten so hoch sind, weil das Unternehmen mit seinen vielen verschiedenen Geschäftsbereichen zu kompliziert ist. Nach dem Pareto-Prinzip sollten 80 % der Gewinne und liquiden Mittel mit 20 % des Umsatzes erzielt werden. Das Marketing sollte sich bemühen, die 20 % der Kunden zu binden, die 80 % des Umsatzes oder der Gewinne bringen. Bei der Projektarbeit sollte man bedenken, dass 20 % aller Tätigkeiten ausreichen, um 80 % des Werts eines Projekts zu erzielen. Die anderen 80 % des Aufwands sind nur deshalb nötig, weil das Projekt unnötig komplex ist. Im Grunde genommen zwingt uns Pareto dazu, sozusagen Kassensturz zu machen, um uns dann auf das Wesentliche zu konzentrieren und nicht nach Perfektion in Bereichen zu streben, die nicht unsere eigentliche Kompetenz sind oder die nur wenig zu unserem Erfolg beitragen.

Konzentriert Für Unternehmen bedeutet Konzentration, sich auf die Dinge zu konzentrieren, die sie in ihrem Markt besser können als alle anderen. Die Konzentration ist der größte Hebel für jede Differenzierung und die Grundlage für alle relativen Wettbewerbsvorteile, die Sie brauchen, um Ihr Unternehmen erfolgreich in die Zukunft zu führen.

▶ Die Frage ist nicht, was wir gut können, sondern was wir besser können als alle anderen.

Konsequent Konsequenz bedeutet, Aufgaben oder Dinge, die wir uns vorgenommen und begonnen haben, zu Ende zu bringen. Jeder von uns kennt die Projekte, die wir anfangen, schleifen lassen wieder aufnehmen und doch nie richtig zu Ende bringen. Gerade das, was wir nicht tun, hat jedoch oft die weitreichendsten Konsequenzen.

Die besten Führungskräfte und Manager zeichnen sich unter anderem dadurch aus, dass sie die Dinge, die sie sich vorgenommen haben, mit einer unerschütterlichen Konsequenz umsetzen. Sie entlassen nicht viele Leute, sondern die richtigen. Sie trennen sich von falschen Produkten, reduzieren Aktivitäten in den falschen Märkten und tun das, was sie tun, in jeder Hinsicht konsequent: Sie richten ihre Energien auf einen Punkt aus und tun damit etwas, was uns die Natur vorgibt – sie sparen Energie.

▶ Konsequenz bedeutet nichts anderes, als die Dinge, die man beginnt, auch zu Ende zu bringen.

Ausdauernd Die meisten Menschen überschätzen, was kurzfristig möglich ist, und unterschätzen, was langfristig möglich ist. Ein gutes Beispiel dafür ist die Geldanlage in Aktien, sofern es nicht zu Spekulationszwecken geschieht. Wer mitten in der Krise seine Aktien verkauft, macht Verluste, wer langfristig anlegt, macht auf Zeiträume von 20 oder 30 Jahren gesehen Gewinne. Börsenguru André Kostolany drückte das salopp aus: „Kaufen Sie Aktien, nehmen Sie Schlaftabletten und schauen Sie die Papiere nicht mehr an. Nach vielen Jahren werden Sie sehen: Sie sind reich". An der Börse wie in anderen Lebensbereichen sind die meisten Menschen deswegen nicht erfolgreich, weil sie zu früh aufgeben, keinen langen Atem haben. Kurzfristige Unternehmenskuren durch Managementmodelle haben ebenso wenig nachhaltigen Erfolg wie Diäten. Erfolg hat, wer mit Ausdauer und einer langfristigen Perspektive an die Dinge herangeht.

▶ Setzen Sie nicht auf kurzfristige Maßnahmen, sondern auf langfristige. Dinge, für die Sie heute die Weichen stellen, zahlen sich vielleicht erst in der nächsten Krise aus.

Nützlich Gustav Großmann, Begründer der Arbeitsmethodik, hat stets betont, dass nur der, der Nutzen bietet, auch Nutzen ernten kann. Auf Neudeutsch wird diese Erkenntnis

„Win-win-Beziehung" genannt. In der Konsequenz bedeutet das: Nichts macht uns erfolg-reicher, als andere erfolgreich zu machen. Wir müssen also mit unserem Handeln einen echten Beitrag für andere leisten. Denken wir weiter, wird klar, dass jede Unternehmens-vision in ihrem Wesenskern sinnstiftend sein muss. Walter Böckmann, der die sinnorien-tierte Führung entwickelt hat, stellte fest, dass man Sinn bieten muss, um Leistung fordern zu können. Mitarbeiter müssen wissen, weshalb der Beitrag ihres Unternehmens wertvoll und nützlich ist, worauf sie stolz sein können. Nur so erhält Arbeit ihren sinnstiftenden Charakter, und nur so setzen sich die Mitarbeiter engagiert und motiviert für das Unter-nehmen ein. Mitarbeiter, Kunden, Lieferanten – allen muss deutlich werden, was der Welt fehlen würde, wenn es Ihr Unternehmen nicht gäbe.

▶ Nur Unternehmen, die anderen nützlich sind, erzielen nachhaltigen, dauerhaften Erfolg.

2.1.7   Prinzip 7: Be different or die

Man könnte auch sagen: Wer sich von den anderen nicht unterscheidet, ist zum Tod ver-urteilt. Das ist ein ganz natürliches Prinzip, denn in der Natur wird das Überleben von der Fähigkeit zur Nahrungsaufnahme bestimmt. Die gleiche Art teilt nicht mit anderen, sondern beginnt zu kämpfen. So ist es auch in Märkten. Wenn Unternehmen austausch-bare Leistungen anbieten, also von der gleichen Art sind, setzt meist ein Verdrängungs-wettbewerb über den Preis ein. Viele Unternehmen haben dieses grundlegende Prinzip des Erfolgs noch nicht begriffen. Die Mehrzahl aller Brauereien, Spediteure, Automobil-zulieferer und so weiter zeichnet sich vor allem dadurch aus, dass sie austauschbar ist, und macht sich deshalb zur leichten Beute des Misserfolgs.

Sobald ein Unternehmen die Probleme seiner Kunden erkennt und sichtbar besser löst als andere, hat es dem Wettbewerb etwas voraus und unterscheidet sich dadurch. Das ist zwingend notwendig für den Unternehmenserfolg, denn viele Produkte und Leistungen sind heute austauschbar und unterscheiden sich nur durch den Preis. Die Natur dagegen schafft alle Wesen als Unikate. Es gilt also, anders zu sein als alle anderen, denn in stag-nierenden Märkten führen austauschbare Leistungen zu einer negativen Rendite. Durch-schnittlichkeit schafft in der Summe Verdruss, Verlust und Verzweiflung. In der Natur wie im Management gilt: Je unterschiedlicher die Leistungen sind, umso größer die Harmonie. Je ähnlicher die Leistungen sind, umso brutaler der Kampf.

Einzigartigkeit in der Wüste

Die Bionik zeigt uns, was uns die Natur voraushat und wie einzigartig Tiere sind. Pro-fessor Ingo Rechenberg ist Inhaber des Lehrstuhls „Bionik und Evolutionstechnik" an der Technischen Universität Berlin. Immer wieder stößt er bei seinen Streifzügen durch die Wüste auf ganz außergewöhnliche Tiere, die sich durch ihre einzigartigen Fähig-keiten das Überleben sichern.

Eine seiner Entdeckungen ist eine Spinne mit einer ungewöhnlichen Fortbewegungsmethode. Rechenberg wanderte mit einem Handscheinwerfer in der Dunkelheit durch die Wüste, um nachtaktive Tiere zu beobachten. Plötzlich überholte ihn etwas Großes. Es war jedoch keine Echse, wie er zuerst dachte, sondern eine handtellergroße Spinne. Doch seine Entdeckung rollte ihm davon. Sie konnte Rad schlagen wie ein Profiturner. Dabei stieß sie sich mit koordinierten Beinbewegungen ab. Später stellte er fest, dass die unbekannte Spinne vorwärts und rückwärts über den Sand wirbeln kann, sogar bergauf. Dabei kann sie Steigungen von bis zu 20 Grad für sie problemlos überwinden. Außerdem braucht sie durch die Rollbewegung nur halb so viel Energie wie beim Laufen.

Ähnlich einzigartig sind die Sandfische, kleine Echsen. Auf der Flucht vor Feinden verschwinden sie im Sand und bewegen sich unter der Oberfläche. Ihre Haut ist ein Wunderwerk: glatter als Stahl, mit scharfen, sehr feinen Rillen bedeckt, die quer zum Körper verlaufen. Sie verhindern, dass die Sandkörner das Tier bremsen und befreien den Sand gleichzeitig von den mikroskopisch kleinen Partikeln, die für die schleifende Wirkung von Sand verantwortlich sind. Die Haut bleibt intakt und die kleinen Sandfische können sich problemlos im Sand bewegen.

▶ Arbeiten Sie heraus, weshalb Ihr Unternehmen einzigartig ist. Was unterscheidet Sie von den anderen Marktteilnehmern?

2.2   Visionen geben Kraft

Die Bedeutung einer Vision für ein Unternehmen – für den Erfolg jeder Organisation – sollte keinesfalls unterschätzt werden. Visionen geben den Dingen einen Sinn, der weit über das Materielle hinausgeht. Visionen haben die Kraft, zu Höchstleistungen zu motivieren. Deshalb ist eine Unternehmensvision so wichtig. Sie zeigt den Mitarbeitern, wohin sie gehen. Eine Vision ist ein geistiges Bild von dem, was Sie erreichen wollen. Ein Ziel soll eine möglichst konkrete Handlung erzeugen, eine Vision dagegen ist etwas Bildhaftes und Emotionales. Sie gibt dem Unternehmen Zukunft und Richtung. Im Idealfall ist sie eine Leitlinie, an der alle Maßnahmen ausgerichtet werden können.

Keine Vision ohne Mission
Der Kern einer Vision ist es darzustellen, in welchem Gebiet das Unternehmen eine führende, herausragende Stellung einnehmen möchte. Doch damit die Träume wahr werden können, ist eine Basis nötig, die solche geistigen Höhenflüge überhaupt ermöglicht. Eine Vision ist eine klare Vorstellung von der Zukunft. Sie sollte immer auf einem besonderen Beitrag – am besten für das Gemeinwohl – aufbauen, also mit einer Mission verbunden sein. Die Mission lässt sich als ein qualitativer Beitrag definieren, der Nutzen schafft und Sinn bietet. Sie beeinflusst die Vision und die Werte eines Unternehmens und wird von diesen beeinflusst (s. Abb. 2.3).

Richten Sie Ihre Mission auf die Kernfrage aus: Welchen Beitrag wird das Unternehmen in Zukunft für Kunden und Markt leisten? Solche bahnbrechenden Beiträge könnten sein:

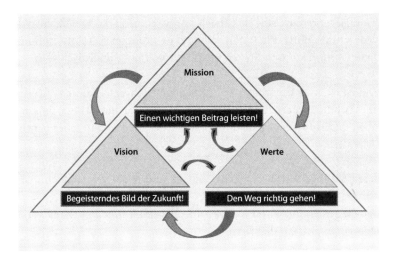

Abb. 2.3   Der Zusammenhang zwischen Vision, Mission und Werten

- Ein Computer, der problemlos über Spracherkennung funktioniert,
- ein Medikament, das Aidskranke heilt,
- Autos ohne Abgase.

Obwohl schon seit Längerem über Unternehmensvisionen gesprochen und geschrieben wird, ist längst noch nicht klar, was eine Unternehmensvision ist. Allzu oft kommen beim Nachdenken über Visionen Floskeln heraus wie: „Wir wollen das führende Autohaus am Ort werden". Es wird diskutiert, Formulierungen werden verworfen, neue erfunden, und doch kommt in den meisten Fällen nichts anderes heraus als Plattitüden, die nicht dazu taugen, die Mitarbeiter mitzureißen und zu begeistern. Walt Disney sagte: „If you can dream it, you can do it". Jede Vision darf zwar bisher Unvorstellbares formulieren, aber sie darf nicht nur ein wilder Traum sein. Träume haben die Eigenschaft, mit dem Morgen zu verblassen. Für das Management von Unternehmenspotenzialen sind sie deshalb untauglich.

Der Sinn einer Vision soll sein, Ihre Mitarbeiter zu außerordentlichen Leistungen zu beflügeln. Sie soll eine Vorstellung von der Zukunft sein, die Ihre Mitarbeiter mit Stolz erfüllt, die Antriebsmoment ist, um in einem Unternehmen die Erfüllung der beruflichen Wünsche zu suchen. Idealerweise stehen die Unternehmensvisionen mit den persönlichen Visionen der Mitarbeiter im Einklang. Grundlage aller Visionen sind echte Probleme, mit denen wir uns beschäftigen und die wir lösen.

▶ **Vier Voraussetzungen für Visionen**

1. Die Mitarbeiter müssen sich mit der Vision identifizieren, damit sie danach streben, sie zu erfüllen.
2. Die Vision muss praktikabel sein. Man muss sie in Einzelziele des Tagesgeschäfts zerlegen können.

3. Die Formulierung muss eine schrittweise Anpassung an die Realität zulassen.
4. Die Vision muss durch die Potenziale und Ressourcen des Unternehmens verwirklicht werden können. Sie soll anspruchsvoll, aber realistisch sein.

Visionen ermöglichen es Unternehmen, zu Schöpfern ihrer Zukunft zu werden. Unternehmen mit Visionen unterscheiden sich von anderen dadurch, dass sie ein Bild ihrer Zukunft haben und sie aktiv gestalten, mitunter sogar die Zukunft einer ganzen Branche oder eines Marktes.

- Formulieren Sie Ihre Vision möglichst einfach und leicht verständlich, damit alle sie verstehen.
- Verzichten Sie auf Fremdwörter und Begriffe, die außer Ihnen niemand versteht.
- Konzentrieren Sie sich auf den Kern.

Drei Beispiele für echte Visionen

Die Hofmann-Group hat im Rahmen der europäischen Markterschließung die Vision ausgesprochen: „Der Himmel über Europa wird orange". Die Firmenfarbe der Gruppe ist orange.

Uvex hat für sich die Vision geprägt: „In der UVEX-Welt wollen wir Innovationsführer sein, damit weltweit wertorientiertes Wachstum schaffen und in allen unseren Aktivitätsbereichen und Märkten aufs Siegerpodest. Value follows Innovation".

Die Vision von Weissman & Cie. lautet: „Wir sind der qualitativ führende Experte für Unternehmensentwicklung in D-A-CH-S-I. Für Familienunternehmen".

▶ „Eine gemeinsame Vision ist nur dann eine Vision, wenn sich viele Menschen ihr wahrhaft verschrieben haben, weil sie ihre eigene ganz persönliche Zielstellung widerspiegelt". (Peter M. Senge)

Exkurs: Sinnergie
Sie lesen richtig, und es handelt sich nicht um einen Rechtschreibfehler. Unser Wort ist eine Kombination aus Sinn und Energie. Damit möchten wir unterstreichen, dass eine Vision der Tätigkeit des Unternehmens, und damit der Mitarbeiter, Sinn verleihen muss. Sie muss Begeisterung entfachen. Diese Aufgabe der Vision sollte man nicht unterschätzen. Sie ist kein PR-Gag oder Ähnliches, sondern der Motor, der Ihre Mitarbeiter antreibt und der Energien freisetzt. Menschen brauchen einen Sinn für ihr Tun. Oder wie erklären Sie sich, dass zum Beispiel Menschen, die in den Ruhestand gehen, häufig krank werden oder frühzeitig sterben? Warum sind für stressgeplagte Menschen die ersten Urlaubstage so gefährlich? Weil plötzlich die Aufgabe, der Sinn, der ihnen Energie verliehen hat, weg ist. Erst die Verbindung von geistiger und materieller Welt versetzt uns in die Lage, Ungewöhnliches zu leisten. Wenn in Ihrem Unternehmen die geistige Welt in Ordnung ist, ist es die materielle automatisch auch. Aber jede der beiden Welten ist ohne die andere bedeutungslos (s. Abb. 2.4).
Visionen sind die Grundlage für Energie, Energie ist die Grundlage für Bewegung, und Bewegung führt zu Veränderung in der materiellen Welt. Ohne Visionen gibt es keine Sinngemeinschaften und damit keine Veränderung. Wer in seinem Unternehmen keine Visionen entwickelt, hemmt jede Art von Veränderung. Das Unternehmen kann sich Veränderungen nicht anpassen und wird über kurz oder lang zu den Verlierern zählen.

Abb. 2.4   Geistige und materielle Welt

2.3   Unternehmenskultur – die unsichtbare Kraft

Um nachhaltig erfolgreich zu sein, brauchen Unternehmen eine gemeinsame Unternehmenskultur. Sie zeigt sich zum einen in sichtbaren Dingen wie der Gestaltung der Büros oder in einigen Branchen in der Kleidung der Mitarbeiter. Doch auch der Umgang miteinander, die Kommunikation, Gewohnheiten und vieles mehr sind Ausdruck dieser Kultur. Sie ist die unsichtbare Kraft im Unternehmen und der Schlüssel für die zukünftige Innovations- und Wettbewerbsfähigkeit. Ihre Aufgabe ist es, diesen Kraftquell zu erkennen, zu fördern und zur Umsetzung Ihrer Unternehmensstrategie zu nutzen. Je ausgeprägter die Kultur eines Unternehmens ist, desto stärker steuert sie aktiv das Verhalten und wird zum Erfolgsfaktor für Strategie, Struktur und Prozesse. Eine Unternehmenskultur entsteht nicht von heute auf morgen, sondern in einem langfristigen Prozess. Sie stellt einen handfesten Wettbewerbsvorteil dar und kann von der Konkurrenz nicht ohne Weiteres nachgeahmt werden.

▶ „Unternehmenskultur ist die Summe aller Selbstverständlichkeiten im Unternehmen". (Jill Schmelcher)

2.3.1   Werte schaffen Wert

Die Unternehmenskultur drückt sich in Werten aus. Sie bilden das Fundament jeder Unternehmensidentität. Jeder Mensch, jede Gruppe und jedes Unternehmen verfügt über ein eigenes Wertesystem. Was in der einen Organisation als gut gilt, kann in der anderen durchaus negativ bewertet werden. Führungsstil, Erfolg und Misserfolg sind auf das bestehende Wertesystem einer Organisation zurückzuführen. Die richtigen Werte sind die Basis für Wertsteigerung und damit für den nachhaltigen Unternehmenserfolg. Befindet sich die Unternehmensstrategie mit den geltenden Werten im Einklang, steht ihrer Umsetzung praktisch nichts mehr im Wege. Nachhaltig erfolgreiche Unternehmen haben immer ausgeprägte Werte und eine ausgeprägte Unternehmenskultur. Das Wertesystem muss unter den Mitarbeitern bekannt und akzeptiert sein. Erarbeiten Sie gemeinsam mit Ihren Mitarbeitern die wichtigsten Werte für neue Strategien.

▶ Ein Wertesystem wird nur dann zum Erfolg beitragen, wenn Führung und Mitarbeiter dieselben Werte haben.

Beispiel: Der Beck

Gemeinsam mit ihrem Mann Siegfried führt Petra Beck seit 25 Jahren die Bäckerei „Der Beck" in Erlangen/Tennenlohe mit rund 1.200 Mitarbeitern und rund 130 Filialen. Die Unternehmerin ist überzeugt: „Am wichtigsten ist es, dass alle Mitarbeiter unsere Philosophie und Strategie kennen und die Gewissheit haben, beteiligt zu sein und mitzugestalten". Für den Zusammenhalt sei es wichtig, dass Unternehmen und Mitarbeiter dieselben Werte hätten. Neuen Mitarbeitern werden die Werte des Unternehmens im Rahmen eines Workshops vorgestellt, den die Chefin selbst hält. „Das gibt ihnen die Gelegenheit, ihre persönlichen Werte mit den Unternehmenswerten zu vergleichen und sich selbst eine Meinung darüber zu bilden, ob sie zu uns passen". Sieben Werte wurden im Rahmen von verschiedenen Workshops von Führung und zweiter Führungsebene erarbeitet: Menschlichkeit, Miteinander, Konsequenz, Leistung, Konstanz, Innovation und Freude. Dafür wurden die Werte der Mitarbeiter gesammelt und aufgeschrieben. „Letztlich haben wir aus diesen und unseren Werten als Inhaber sieben Begriffe als Firmenwerte definiert. Sie wurden den Mitarbeitern kommuniziert und sind heute fest im Bewusstsein aller verankert", sagt Petra Beck.

Das sei auch für sie selbst und ihren Mann wichtig gewesen. Solange das Unternehmen klein sei, der Chef im Team mitarbeite und den Mitarbeitern nahe sei, lebe man als Chef automatisch seine Werte vor. „Doch wenn das Unternehmen wächst, muss man diese Werte festhalten und immer wieder visualisieren", so die Unternehmerin weiter. „Man darf sie nicht nur im Kopf haben, sondern muss entsprechend handeln". Ebenso wichtig sei die Einbindung der mittleren Führungsebene. Man müsse es sofort ansprechen, wenn die Dinge nicht so funktionierten, wie man es gemeinsam beschlossen habe.

2.3.2 Den Weg richtig gehen

Die Strategieentwicklung gibt Antwort auf die Frage „Gehen wir den richtigen Weg?" Die Antwort auf die Frage „Gehen wir den Weg richtig?" gibt das Unternehmensleitbild. Damit

Vision und Unternehmenswerte umgesetzt werden, müssen Ihre Mitarbeiter wissen, was das Unternehmen zum jetzigen Zeitpunkt darstellt und wie es in Zukunft aussehen soll. Ein Leitbild beschreibt Unternehmenszweck und -ziele sowie Verhaltensgrundsätze nach innen und außen. Es zeigt, wie Ziele erreicht werden können. Als Grundlage dafür dienen Unternehmenskultur und Werte. Leitbilder bieten die Chance, sich vom Wettbewerb zu differenzieren.

Das Leitbild schafft die Verbindung der Vision mit dem operativen Tagesgeschäft:

- Es gibt eine konkrete Handlungsanweisung vor.
- Es schafft ein gemeinsames Wertesystem auf der Basis gelebter Grundwerte.
- Es zeigt den Nutzen der täglichen Arbeit auf.
- Es gibt ein einheitliches Selbstverständnis vor.
- Es zeigt eine gemeinsame Grundlage, auf die sich jeder beziehen kann.
- Es stellt einen Wegweiser für die Unternehmensentwicklung dar.

Alle Mitarbeiter oder Stellvertreter der einzelnen Interessengruppen sollten in den Leitbildprozess einbezogen werden. Nur so kann ein Leitbild entwickelt werden, mit dem sich die Mitarbeiter identifizieren können. Bei der Umsetzung des Leitbilds stehen hauptsächlich die Führungskräfte in der Pflicht. Sie müssen das Leitbild vorleben und dafür sorgen, dass es bis zum letzten Mitarbeiter dringt.

▶ „Eine lebendige Unternehmensphilosophie kann nur über die Chefetage entstehen". (Peter Walter, Betapharm)

Beispiel: Wohngemeinschaft für Senioren

Rosemarie Amos-Ziegler und Klaus Ziegler betreiben die Wohngemeinschaft für Senioren WGfS in Filderstadt-Bernhausen mit drei Pflegeheimen, in denen 134 Menschen leben, sowie einen ambulanten Pflegedienst. Sie beschäftigen insgesamt 186 Mitarbeiter in Teil- und Vollzeit aus 16 Nationen im Drei-Schicht-Betrieb. Das Unternehmen behauptet sich in einer stark reglementierten und kontrollierten Branche. Rosemarie Amos-Ziegler sagt: „Bei uns steht der Mensch im Mittelpunkt, und mit der Qualität unserer Arbeit wollen wir die Lebensqualität von Menschen steigern". Dieses Ziel drückt sich in dem Motto „Pflegen mit Herz und Verstand" aus. Um dieses Ziel zu erreichen, müsse man den richtigen Weg finden. Deshalb wurde ein Leitsatz entwickelt, der ebenfalls den Menschen in den Mittelpunkt stellt: „Den Schatz in jedem Einzelnen entdecken". In einer kleinen Broschüre wird der Leitsatz auch nach außen getragen und konkretisiert.

Mit Vertrauen und Respekt
Den Bewohnern und ihren Angehörigen wird mit Wertschätzung, Respekt und Achtung begegnet. Denn gute Pfleger achten auch darauf, dass sich die Bewohner persön-

lich wohlfühlen und ihre Umgebung als ihr Zuhause empfinden. Die familiäre Atmo-
sphäre und die emotionale Sicherheit bei Bewohnern und Angehörigen sind Voraussetzung für Vertrauen.

Mit bestem Fachwissen
Um das Wohlbefinden der Bewohner zu sichern, sind besonders hohe Anforderungen
an die fachlichen Leistungen eine Selbstverständlichkeit. Das gesamte Pflegespektrum
wird ausschließlich von qualifizierten Fachkräften durchgeführt, Spezialisierungen und
Zusatzleistungen ergänzen außerdem das Standardprogramm. Dabei werden stets neu-
este Erkenntnisse in die Versorgung integriert.

Mit persönlicher Betreuung
Die Lebensgeschichten der Bewohner verlaufen unterschiedlich. Auch das muss Pflege mit dem Anspruch, Lebensqualität zu erhalten, in ihrem Angebot berücksichtigen.
Deshalb ist es so wichtig, individuelle Interessen und Stärken zu fördern und so Perspektiven zu schaffen, den eigenen Alltag zu gestalten und Raum zur persönlichen Ent-
faltung zu bieten.

2.3.3   Erfolgsfaktor Kommunikation

Führen bedeutet Kommunikation. Eine offene, vertrauensvolle Kommunikation macht
das Leben für alle leichter und verhindert im Voraus viele Schwierigkeiten, die letztlich
dem Erfolg im Weg stehen. Das gilt für die Kommunikation nach innen und nach außen.
Nach innen beeinflusst sie nachhaltig das Betriebsklima und damit die Motivation der
Mitarbeiter. Nach außen beeinflusst sie, wie das Unternehmen von der Öffentlichkeit
wahrgenommen wird. Kommunikation ist letztlich für das Image eines Unternehmens
verantwortlich. Deshalb ist es wichtig, ein einheitliches Bild zu vermitteln. Dazu gehören
das Firmenlogo ebenso wie die Gestaltung der Firmengebäude (Corporate Design), aber
auch das Auftreten der Mitarbeiter nach außen und Ihre Marketingaktivitäten. In Zeiten
des Web 2.0 sollten Sie auch darauf Ihr Augenmerk richten.

Viele Unternehmen betreiben Kommunikation nicht strategisch und nicht als Chef-
sache. Das rächt sich. Besonders in Krisensituationen registriert die Öffentlichkeit sehr
genau, wie ein Unternehmen damit umgeht. In vielen Unternehmen bedeutet Kommunikation auch, so wenige Informationen wie möglich an die Öffentlichkeit zu geben. Das
ist ein Fehler. Zum einen verschließen Sie sich damit einen Marketingweg, zum anderen
können Sie angesichts der sozialen Netzwerke wie Facebook oder Twitter sowieso nicht
verhindern, dass über Ihr Unternehmen gesprochen wird. Im Gegenteil: Verließ früher ein
Fehlverhalten kaum jemals den Standort, kann es sich heute in wenigen Sekunden weltweit
verbreiten. Dafür gibt es mittlerweile zahlreiche Beispiele.

2.3.3.1   Die positive Wirkung von Kommunikation
Erhöhte Mitarbeitermotivation Viele Unternehmer klagen darüber, dass ihre Mitarbeiter zu wenig motiviert sind. Mitarbeiter suchen nach Sinn und Identifikation. Ein posi-

tives Image des Unternehmens und vor allem eine Kommunikation, die den Werten und dem Leitbild des Unternehmens tatsächlich entspricht, können das bieten. Es ist ein Unterschied, ob man Autos oder einen Porsche baut. Es ist ein Unterschied, ob der Chef von Vertrauen und Offenheit spricht oder ob er auch dafür sorgt, dass sie gelebt werden, indem er es selbst tut.

Attraktivität   Durch ein positives Image werden alle angezogen – das Unternehmen übt Anziehungskraft aus, denn nichts anderes heißt Attraktivität. Sie ziehen potenzielle Mitarbeiter ebenso an wie Pressevertreter und Kunden. Angesichts der demografischen Entwicklung und des Fachkräftemangels wird die Attraktivität eines Unternehmens künftig eine noch größere Rolle spielen. Die Kommunikation bietet Familienunternehmen die Chance, Vorurteile zu entkräften und sich als erstrebenswerter Arbeitgeber zu präsentieren. Nutzen Sie dafür alle Kommunikationskanäle, die diejenigen nutzen, die Sie ansprechen möchten.

Abwehr von Angriffen   Ein gutes Image schützt vor fremden An- und Übergriffen. Es verschafft Ihnen einen Vorsprung vor anderen. Ein positives Image sorgt dafür, dass Sie in den Köpfen präsent sind als ein Unternehmen, das etwas Positives zu bieten hat. Der Audi-Slogan „Vorsprung durch Technik" wird nicht in Frage gestellt, obwohl niemand wirklich beweisen kann, dass es so ist. Umgekehrt: Hat ein Produkt oder ein Unternehmen erst einmal ein schlechtes Image, dauert es sehr lange, bis ihm die Öffentlichkeit wieder Kompetenz zuspricht. Das Image ist auch verantwortlich dafür, dass Kunden von Porsche Lieferzeiten von über einem Jahr akzeptieren. Sie kaufen kein Auto, sondern ein positives Image, das besagt, dass diese Autos gut sind, auch wenn sie noch gar nicht existieren.

▶ Eine gute Unternehmenskommunikation trägt dazu bei, nach außen und innen ein positives Firmenimage zu kreieren. Die Wirkungen dieses Instruments sind enorm und tragen nachhaltig zum Unternehmenserfolg bei.

2.4   Umfeldanalyse – wissen, was sich verändert

Unsere Welt ist durch rasanten Wandel gekennzeichnet. Zunahme der Wettbewerbsintensität, technologischer Fortschritt, Globalisierung, erhöhte Informationsflut, verkürzte Lebenszyklen von Produkten – die Rahmenbedingungen in den Märkten verändern sich fundamental und nachhaltig in höchstem Tempo. Neue Regeln und Prinzipien entstehen. Überlebensfähig ist nur, wer es schafft, sich an veränderte Rahmenbedingungen anzupassen („survival of the fittest"). Der Wandel ist unser ständiger Begleiter und nicht aufzuhalten. Jeder Unternehmer muss sich deshalb die Frage stellen, ob er und sein Unternehmen für die Anforderungen der Zukunft richtig gerüstet sind. Dabei spielen viele Faktoren eine Rolle. Deren Beurteilung ist keine Bauchsache, die sich in wenigen Minuten erledigt, sondern eine Analyseaufgabe, die den Markt, die Kunden und die künftigen Trends umfassen sollte.

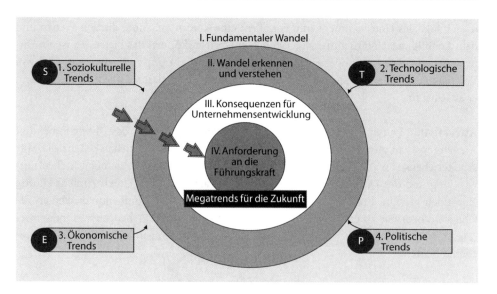

Abb. 2.5 Der fundamentale Wandel im Unternehmensumfeld

▶ Nur wer den Wandel voraussieht und ihn aktiv gestaltet, hat langfristig Erfolg.

Zu einer umfassenden Analyse gehört es nicht nur, künftige Veränderungen in Technologie, Gesellschaft, Politik, Ökologie und Ökonomie zu erkennen, sondern auch, sie zu
bewerten. Dazu ist es nötig, dass Sie möglichst genau bestimmen, wie sich die großen
Trends auf Ihren Markt, Ihre Kunden, Ihre Wettbewerber und damit auf Ihr Unternehmen
auswirken. Die Identifizierung der Chancen und Risiken für das Unternehmen ist dabei
eine der wichtigsten Aufgaben (s. Abb. 2.5).

Wenn Trends von sehr vielen Menschen mitgemacht werden und zudem längerfristig
vorhanden sind, spricht man von „Megatrends". Sie gelten unabhängig von der jeweiligen
Branche für das gesamte Umfeld und stellen den Rahmen jeder Umfeldanalyse dar. Wichtige Megatrends sind zum Beispiel:

- Instabilität und Widersprüche im Konsumentenverhalten,
- Austauschbarkeit von Produkten und zunehmend schwierigere Trennung von Produkt
  und Dienstleistung,
- Verlust der Mitte,
- Digitalisierung zwingt zu neuen Geschäftsmodellen,
- Stellenwert der Ökologie wächst,
- sinkende Transaktionskosten.

▶ Konsumententrends übersetzen die aus den Megatrends resultierenden Veränderungen auf die Warenebene.

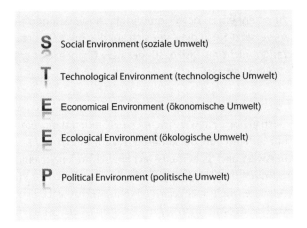

Abb. 2.6 Die S-T-E-E-P-Analyse

Megatrends und Ihr Unternehmen
Der Megatrend Multimedia zum Beispiel verändert die Ansprüche der Konsumenten an Transparenz, Schnelligkeit, Bequemlichkeit und Vergleichbarkeit. Von den Unternehmen verlangt er Präsenz im Internet und in sozialen Netzwerken, größere Offenheit, mehr Kritikfähigkeit, mehr Kommunikation und Interaktion mit den Kunden. Der Autobauer BMW zum Beispiel kommuniziert mit seinen Kunden über soziale Netzwerke und beteiligt sie an der Entwicklung neuer Modelle. Dadurch erzielt das Unternehmen unter anderem eine höhere Kundenbindung. Die Kunden fühlen sich ernst genommen und einer Gemeinschaft zugehörig. Sie geben dieses positive Gefühl weiter – Empfehlungsmarketing in Zeiten des Web 2.0.
   Der Megatrend Ökologie, der auf der politischen Ebene in einem zunehmendem Zwang zum Energiesparen resultiert, hat Auswirkungen auf die meisten Branchen. Wenn Sie ein Hersteller von Leuchtstoffröhren wären, wäre es jetzt längst zu spät, alternative Produkte zu entwickeln. Der Markt für energiesparende Leuchtstoffröhren mit LEDs ist bereits verteilt. Sie hätten den Trend bereits vor Jahren erkennen müssen.

Die zentrale Frage, die Sie sich stellen müssen, lautet: Welche Veränderungen in der Zukunft wirken sich wie auf unsere künftige Wettbewerbssituation aus? Dafür eignet sich nach unserer Erfahrung am besten die S-T-E-E-P-Analyse, die Sie mindestens einmal jährlich durchführen sollten (s. Abb. 2.6).

S = Social Environment (soziale Umwelt)
T = Technological Environment (technologische Umwelt)
E = Economical Environment (ökonomische Umwelt)
E = Ecological Environment (ökologische Umwelt)
P = Political Environment (politische Umwelt)

Identifizieren Sie die für Ihr Unternehmen relevanten Trends und projizieren Sie sie auf die vier Perspektiven Markt/Kunde, Prozesse, Mitarbeiter/Führung und Finanzen/Risiko in Ihrem Unternehmen. Dadurch können Sie abschätzen, wie sich die Entwicklungen auf Ihr Unternehmen auswirken werden.

▶ Veränderungen zu erkennen, zu bewerten und die Auswirkungen für Ihr Unternehmen zu benennen, versetzt Sie in die Lage, sich auf die Zukunft vorzubereiten. Betrachten Sie den Wandel nicht als Risiko, sondern als Chance. Das größte Risiko des Wandels ist, dass Sie ihn verpassen.

Vergessen Sie nicht, dass zu einer umfassenden Umfeldanalyse auch die Analyse von Kunden und Wettbewerbern gehört. Ein wertorientiertes Kundenmanagement misst dabei den Kundenwert nicht nur anhand von Deckungsbeiträgen, sondern betrachtet zudem Referenzwert, Informationswert und Sicherheitswert einer Kundenbeziehung. Ziel ist es, den richtigen Kunden zu finden und langfristig an das Unternehmen zu binden. Erfolgreiche Unternehmen differenzieren sich über relative Wettbewerbsvorteile von ihren Mitbewerbern. Eine genaue Analyse der Mitbewerber in Bezug auf Ziele, Strategien, Prämissen und Fähigkeiten ist dabei unerlässlich. Bewerten Sie Ihre Mitarbeiter nach Produktqualität, Lieferfähigkeit, Termintreue, Kundenbindung, Markenwert, Service und Vertriebsnetz. Die Ergebnisse sind ausschlaggebend für die Ausrichtung des eigenen Unternehmens.

2.5   Eigensituationsanalyse – sich selbst erkennen

Die hohe Anzahl an Insolvenzen zeigt, dass viele Unternehmen nicht wissen, wo sie stehen, oder es nicht wissen wollen. Die Eigensituationsanalyse ist ein Gesundheitscheck für Ihr Unternehmen und zeigt Ihnen, wo Sie stehen. Sie ist der Ausgangspunkt jeder strategischen Unternehmensplanung. Für die Beurteilung sind diverse interne und externe Erfolgsfaktoren ausschlaggebend. Bevor Sie damit beginnen, sollten Sie sich an die „Universalprinzipien des Erfolgs" erinnern. Wir haben gesagt, dass jede Wirkung eine Ursache hat. Verfallen Sie also nicht in eine oberflächliche Analyse, die nichts zu einer echten Problemlösung beitragen kann. Die Ursache aller Probleme ist neben der fehlenden Unternehmensvision die falsche Unternehmensstrategie. Mit der richtigen Strategie lösen sich viele Probleme von selbst. Mit der falschen Strategie ist es fast unmöglich, erfolgreich zu sein. Unternehmensanalysen sind mehr als nur ein Instrument zur akuten Krisenbekämpfung. Sie dienen primär der Aufdeckung strategischer Krisen und damit der Vermeidung akuter Ertrags- und Liquiditätskrisen. Die Kernfrage lautet: „Was hält Sie am stärksten davon ab, Ihr Ziel zu erreichen"?

2.5.1   Die SWOT-Matrix

Das Herzstück jeder strategischen Konzeption und Unternehmensanalyse ist eine saubere Stärken-Schwächen-Chancen-Risiken-Analyse, kurz SWOT-Analyse genannt. Damit beurteilen Sie die Potenziale und Einschränkungen Ihres Unternehmens im Vergleich zu den Mitbewerbern und legen dabei besonderes Augenmerk auf künftige Erfolgsfaktoren. Die-

SWOT / Perspektive	Strengths	Weaknesses	Opportunities	Threats
Markt/Kunde				
Prozesse				
Mitarbeiter/ Führung				
Finanzen				

Abb. 2.7 Die SWOT-Matrix

se Form der Eigensituationsanalyse hat das Ziel herauszufinden, inwieweit Strategie und unternehmerische Stärken und Schwächen ausreichend sind, um auf Chancen und Risiken des Marktes beziehungsweise des Umfelds zu reagieren und damit strategische Fehlentwicklungen zu vermeiden.

Ziel ist es, Stärken und Chancen zu maximieren und Schwächen und Risiken zu minimieren, möglichst sogar zu eliminieren. Die SWOT-Analyse soll folgende Fragen für die Strategieentwicklung beantworten:

1. Auf welchen wichtigen Stärken des Unternehmens kann seine Strategie aufgebaut werden?
2. Welche Schwächen müssen für die neue Strategie beseitigt werden?
3. Welche Chancen bieten sich dem Unternehmen?
4. Gegen welche Risiken muss sich das Unternehmen wappnen?

Alle Fragen müssen wiederum jeweils für die Perspektiven Markt/Kunde, Finanzen/Risiko, Prozesse, Mitarbeiter/Führung beantwortet werden. Der Erfolgsfaktor Markt/Kunde drückt aus, inwieweit es Ihrem Unternehmen gelingt, auf die Anforderungen des Marktes und speziell Ihrer Kunden zu reagieren. Der Erfolgsfaktor Prozesse zeigt, inwieweit Sie es schaffen, Ihre Prozesse hinsichtlich der Dimensionen Zeit, Kosten, Qualität und Individualität zu optimieren. Die bestgeplanten Maßnahmen und ausgefeiltesten Betriebsabläufe sind wertlos, wenn Ihre Mitarbeiter nicht fähig und willens sind, entsprechend zu arbeiten. Der Erfolgsfaktor Finanzen/Risiko zeigt Ihnen, wie es um Ihre finanzielle Situation steht. Sie können für die SWOT-Matrix verschiedene Hilfsmittel wie Bilanzen, Ratings, Kunden- und Mitarbeiterbefragungen und Selbsteinschätzungen verwenden. Natürlich eignet sich die SWOT-Analyse auch zur Beurteilung einzelner Geschäftsbereiche (s. Abb. 2.7).

2.5.2 Wertorientierte Unternehmensführung

Zunehmend setzt sich auch bei uns die Steigerung des Unternehmenswerts als die entscheidende Steuerungsgröße bei der Führung eines Unternehmens durch. Anstelle des aktuellen Periodengewinns wird der Wert des Unternehmens, der die gesamten Zukunftsperspektiven mit einbezieht, als neuer Indikator für den Erfolg angesehen. Deshalb sollten Sie diesen Faktor in die Eigenanalyse einbeziehen. Er ist ein Maßstab für Erfolg. Um Ihr Oberziel zu erreichen, die langfristige Erhaltung des Unternehmens, müssen Sie über zwei wesentliche Faktoren verfügen:

1. immer ausreichende Liquidität und
2. ausreichend hohe Vermögenswerte.

Unternehmen, die keine adäquate Wertsteigerung generieren, werden für Investoren unattraktiv. Ihre Kreditwürdigkeit aus Sicht der Banken ist als schlechter einzustufen, weil Banken zunehmend dazu übergehen, das Verhältnis von Fremdkapital zum Marktwert des Eigenkapitals (= Unternehmenswert) als Beurteilungskriterium der Bonität heranzuziehen. Damit werden die Chancen eines nicht wertsteigernden Unternehmens, zu investieren und zu wachsen, stark eingeschränkt. Neben der Kapitalrendite berücksichtigt der Unternehmenswert auch die Wachstumsrate und die Risiken.

▶ Der Unternehmenswert ist die quantitative Bewertung des Unternehmenserfolgs, also der künftig zu erwartenden Zahlungsüberschüsse unter Berücksichtigung der damit verbundenen Risiken.

Zur Steigerung des Unternehmenswerts stehen Ihnen drei maßgebliche Hebel zur Verfügung, die so genannten Werttreiber (s. auch Abb. 2.8):

1. Umsatzwachstum
2. Steigerung der Rendite
3. Reduzierung des Risikos

Für die Berechnung des Unternehmenswerts gibt es verschiedene Ansätze wie die Discounted-Free-Cashflow-Methode oder das statische Ertragswertmodell. Da die Berechnung des Unternehmenswerts eine komplexe und schwierig kommunizierbare Angelegenheit ist, tendiert man in der Praxis dazu, für die Beurteilung des Erfolgs einer Periode den Wertbeitrag zu verwenden. Anders als der Unternehmenswert nutzt er nur tatsächlich realisierte und keine prognostizierten Informationen. Auch der Wertbeitrag einer Periode lässt sich über verschiedene Modelle feststellen. Er stellt einen einfachen Maßstab zur Berechnung des Wertbeitrags einer Periode dar, der allen Ebenen im Unternehmen zugänglich und damit leichter kommunizierbar als der Unternehmenswert ist. Er ist jedoch keine Alternative zur Berechnung des Unternehmenswerts, sondern eine Ergänzung.

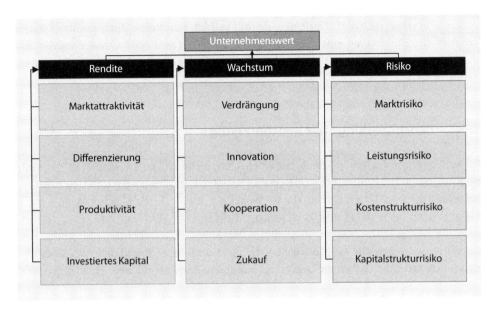

Abb. 2.8   Der Unternehmenswert

▶ Verdient Ihr Unternehmen weniger als seine Kapitalkosten, vernichtet es bereits Wert. Mit anderen Worten: Wertvernichtung beginnt lange, bevor Verluste auftreten.

2.6   Regelbrüche – Erfolg für Ihr Geschäftsmodell

Alle ungewöhnlich erfolgreichen Unternehmen verfügen über ein einzigartiges Geschäftsmodell. Es bildet den Kern der nachhaltigen Differenzierung und schützt vor Austauschbarkeit. Die wichtigste Frage für Sie lautet deshalb: „Welches sind die Erfolgsfaktoren, die Sie einzigartig und nicht austauschbar machen"? Einer der wichtigsten Erfolgsfaktoren ist die Konzentration auf Kernkompetenzen und Kerngeschäftsfelder, denn sie sind für sichtbare Wettbewerbsvorteile verantwortlich. Auf der Grundlage Ihrer Kernkompetenzen können Sie Geschäftsfelder auswählen und bewerten. Der Grundsatz dabei lautet: Gehen Sie nur in Geschäftsfelder, in denen Sie aufgrund Ihrer Kernkompetenzen eine führende Rolle spielen können. Die richtige Wahl hat den größten Einfluss auf den Erfolg eines Unternehmens. Die Wettbewerbsposition ist entscheidend. Professor Hermann Simon, Vorsitzender der Geschäftsführung von Simon-Kucher & Partners und Verfasser des Buches „Hidden Champions des 21. Jahrhunderts", hat gezeigt, dass die „Hidden Champions" Marktführerschaft anstreben. Sie verfolgen das klare Ziel, in ihren Märkten die Nummer eins zu sein oder zu werden. Dabei konzentrieren sie sich auf ihre Kernkompetenzen und vermeiden Ablenkungen. Selbst in schwachen Branchen ist überproportionales Wachstum möglich, sofern Sie eine führende Position einnehmen. Die Wettbewerbsposition ist wichtiger und für den Erfolg entscheidender als die bestehende Branchenkonjunktur und die generelle Marktattraktivität. Derjenige, dem es gelingt, sich hinsichtlich wichtiger Kaufkriterien der Kunden auf einer anderen Ebene als der Preisebene zu differenzieren, hat die Möglichkeit, Renditen zu erwirtschaften, die ein dauerhaftes Überleben des Unternehmens sichern.

2.6.1 Benchbreaking statt Benchmarking

In wettbewerbsintensiven Märkten betreiben Unternehmen Vergleiche, das so genannte Benchmarking. Dabei misst man die eigenen Produkte, Dienstleistungen und Geschäftsprozesse an denen der Unternehmen, die als Weltklasse gelten. Durch Benchmarking werden Unternehmen zwar besser, aber auch gleicher. Erfolgreicher allerdings sind die Unternehmen, die die Logik ihres Marktes brechen, also Benchbreaking statt Benchmarking betreiben. Immer wenn die Branche sagt, „das geht nicht", setzt der kreative Regelbruch an. Alle erfolgreichen Unternehmen haben die Logik ihres Marktes in mindestens einem Punkt gebrochen.

Exkurs: Was ist ein Regelbruch?
Das Prinzip des Regelbruchs lässt sich gut mit einem Beispiel aus dem Sport erklären: Reinhold Messner bestieg als Erster ohne Sauerstoffgerät die höchsten Berge des Himalaya im Alleingang. Er brach dabei mit einer ehernen Regel, die besagte, kein Mensch, schon gar kein Europäer, könne diese Höhe und die Anstrengungen des Aufstiegs ohne zusätzlichen Sauerstoff überleben.

Zahlreiche Unternehmen haben erfolgreich die Regeln ihres Marktes auf den Kopf gestellt. Adidas hat gezeigt, dass ein Sportartikelhersteller nicht selbst produzieren muss. H & M wechselt seine Kollektionen zwölf-, statt viermal im Jahr. Aldi ist es gelungen, den Branchengegensatz billig und Qualität miteinander zu vereinbaren. Doch das sind nur die Regelbrecher, die jedem bekannt sind. Es gibt viele Unternehmen, die sozusagen Weltmarktführer im Stillen sind. Ein Beispiel dafür ist die Firma Truma aus München, Hersteller von Heizungssystemen für Wohnwagen. Gegen alle Überzeugungen der Branche hat das Familienunternehmen die Preise immer wieder gesenkt und auf vergleichsweise niedrigem Niveau gehalten. In Verbindung mit immer neuen technologischen Entwicklungen und einer konsequenten Nischenpolitik hat sich das Unternehmen eine für die Zukunft herausragende, fast unangreifbare Marktposition geschaffen, die selbst von international agierenden Konzernen nur schwer attackiert werden kann.

Spielen Sie mit den Möglichkeiten

* Welche unverrückbaren Regeln gibt es in Ihrem Markt/Ihrer Branche?
* Was müssten Sie tun, um mindestens eine dieser Regeln zu brechen?
* Welche Wirkung hätte das auf Ihr Unternehmen?

2.6.2 Die drei Kategorien des Regelbruchs

1. Regelbruch erster Ordnung: Welt

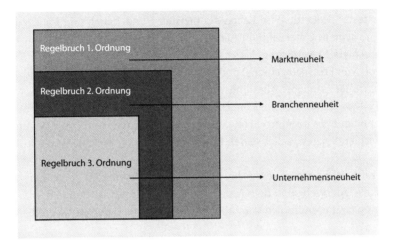

Abb. 2.9   Die Kategorien der Regelbrüche

Regelbrüche durch eine Marktneuheit sind so selten wie eine blaue Mauritius. Oft steht hinter solch großen Würfen ein Patent.

2. Regelbruch zweiter Ordnung: Branche
   Hinter einer Branchenneuheit verbirgt sich die Adaption erfolgreicher Konzepte aus anderen Branchen in die eigene.

3. Regelbruch dritter Ordnung: Unternehmen
   Zu einer Unternehmensneuheit wird ein Unternehmen durch die Branchenentwicklung gezwungen. Als Follower ist es notwendig, seine firmeninternen Überzeugungen und Faktoren zu hinterfragen und dem Markt anzupassen (Abb. 2.9).

Tatsächlich kann jedes Unternehmen ein Champion werden. Es muss nur den Mut haben, ausgetretene Pfade zu verlassen und neue Wege zu gehen. Aus analytischer Sicht führen mehrere Wege zu einem radikalen Regelbruch. Sie können etwas gänzlich Neues kreieren (Kreation), sie können dem bestehenden Geschäftsmodell etwas hinzufügen (Erweiterung), es teilweise reduzieren (Reduktion) oder eliminieren (Elimination). Auch hier gilt: Die Kreation ist der Königsweg, aber sehr selten. Oft beschreiten Unternehmen den Weg der Reduktion – Banken, die ihre Filialen auflösen, Discounter, die ein reduziertes Sortiment anbieten, Billigflieger, die auf Service verzichten und so weiter. Beispiele für Erweiterungen sind Automobilzulieferer, die sich vom Produkt- zum integrierten Modulanbieter entwickeln, oder Kinokomplexe, die ihre Filme zu jeder halben Stunde zeigen.

Regelbruch via Kreation

Diesen Königsweg beschritt Manfred Bogdahn von der Firma Flexi aus Bargteheide. Er stellte sich einst die Frage, warum Hundeleinen standardmäßig eine fixierte Länge haben müssten, brach mit dieser Regel und erfand das Rollhalsband. Heute ist sein

Produkt fester Bestandteil im Leben der meisten Hundehalter, und Manfred Bogdahn
gehört mit seinem Unternehmen zu den über 800 deutschen Weltmarktführern.

Regelbruch via Erweiterung

Der Erfolg von Fressnapf, einem Spezialisten für Heimtierbedarf aus Krefeld, beruht auf
der Discounter-Strategie. Allerdings brach Gründer Torsten Toeller die goldene Aldi-
Regel für Discounter, die eine Konzentration auf einen überschaubaren Warenkorb mit
extrem hohen Umsätzen pro Produkt definiert. In seinen rund 700 Franchise-Filialen
in Deutschland bietet Toeller seinen Kunden über 10.000 verschiedene Artikel an.

▶ Es gibt zahlreiche Möglichkeiten, bestehende Geschäftsmodelle zu verändern. Es ist
   wichtig, alle Optionen unter dem Aspekt des Kundennutzens zu betrachten. Ziel muss
   sein, zentrale Kundenprobleme sichtbar besser zu lösen als der Wettbewerb.

Erfolgreichen Regelbrechern geht es wie begehrten Produkten: Sie werden kopiert. Auf
McDonald's folgte Burger King, nach Ryanair kam Easyjet, Hennes & Mauritz wird heute
von Zara und Mango begleitet. Für gute Geschäftsmodelle gibt es keinen Patentschutz. Die
Erfahrung zeigt jedoch, dass langfristiger Erfolg fast immer auf der Schaffung, aber auch
der Weiterentwicklung eines ungewöhnlichen, die Regel brechenden Geschäftsmodells be-
ruht. Regelbrüche und Innovationen können ständig und auf allen Ebenen stattfinden.
Man muss sie nur wollen und zulassen und manchmal das Undenkbare denken. Ob ein
Unternehmen dazu in der Lage ist oder nicht, ist eine Frage der Kultur.

▶ „Ungewöhnliche Leistungen entstehen nur in einer Unternehmenskultur von Freiheit
   und Freiraum". (Volkmar Wywiol, Stern-Wywiol-Gruppe)

Literatur

Weissenfeld, Steffen, und Horst Weissenfeld. 2000. *Börsengurus und ihre Strategie.* 2. Aufl. Rosen-
    heim: Börsenverlag.
Weissman, Arnold. 2011. *Die großen Strategien für den Mittelstand.* New York: Campus Verlag.
Weissman, Arnold, und Joachim Feige. 2000. *Sinnergie: Wendezeit für das Management.* 2. Aufl. Zü-
    rich: Orell Füssli Verlag.

Weiterführende Literatur

Mewes, Wolfgang. 1976. *EKS: Die Energo-Kybernetische Strategie (Lehrgang).* Frankfurt a. M.
Schmelcher, Jill. 2002. *Die unsichtbare Kraft.* Wiesbaden: Gabler Verlag.

Strategie bringt Unternehmenserfolg

3

Die richtige Strategie ist für den Erfolg eines Unternehmens von zentraler Bedeutung. Unternehmensführung ohne Strategie könnte man flapsig als „Durchwursteln" bezeichnen. Die Krise 2009 hat gezeigt, dass Unternehmen ohne Strategie am anfälligsten dafür sind zu scheitern. Da ein Unternehmenscockpit mit seinen Ursache-Wirkungs-Ketten und den relevanten Kennzahlen die Aufgabe hat, die Strategie des Unternehmens zur operativen Umsetzung zu bringen, ist es wichtig, dass das Cockpit auf ein vollständiges und fundiertes strategisches Konzept aufgesetzt wird. Für Sie als Unternehmer bedeutet das, als Erstes zu überprüfen, ob Sie eine Strategie haben und ob sie tragfähig ist. Bisher haben Sie gelesen, welche Voraussetzungen Sie für eine Strategieentwicklung brauchen und worauf die Strategie aufbaut. Jetzt geht es darum, tatsächlich eine Strategie festzulegen und sich entsprechend zu positionieren. Dabei werden Sie immer wieder auf die eingangs vorgestellten „Universalprinzipien des Erfolgs" zurückgreifen können. Wenden Sie sie konkret für den Aufbau Ihrer Unternehmensstrategie an.

▶ Eine einmal entwickelte Strategie ist nicht für die Ewigkeit. Sie muss den sich ändernden Verhältnissen angepasst und weiterentwickelt werden.

In stagnierenden Märkten führen austauschbare Leistungen zwingend zu einer negativen Renditeentwicklung. Das ist das wichtigste betriebswirtschaftliche Gesetz, das Sie sich vor der Entwicklung einer Strategie klarmachen sollten. Es gibt keine Märkte, die permanent wachsen. Im Zeitverlauf beginnen alle Märkte zu stagnieren. Jeder Marktteilnehmer ist also davon betroffen. Strategie als Herzstück des Unternehmenserfolgs hat deshalb in erster Linie für eine nachhaltige **Differenzierung** zu sorgen. Nur so lässt sich ein Wettbewerbsvorteil generieren.

Exkurs: „Be different or die"

Sie haben es in Kap. 1 bei den Erfolgsprinzipien schon gelesen: Die Natur macht uns vor, wie wir uns erfolgreich von anderen differenzieren und damit überleben können. Wenn wir unser Unternehmen als einen lebenden Organismus und ein Energiesystem betrachten, können wir jederzeit von der Natur lernen und die Erkenntnisse auf das Unternehmen übertragen.

A. Weissman et al., *Das Unternehmenscockpit,*
DOI 10.1007/978-3-8349-4127-5_3, © Gabler Verlag | Springer Fachmedien Wiesbaden 2012

Wenn es um Differenzierung geht, ist die Natur ein idealer Lehrmeister. In einer Veröffentlichung aus dem Jahre 1932 (Journal of Experimental Biology No. 9: „Experimental Studies on the Struggle for Existence") hat der russische Biologe Georgii Gause in einem Experiment mit Einzellern bewiesen, dass in der Natur niemals zwei Arten in demselben Lebensraum vorkommen, die sich auf die gleiche Weise ernähren. Sie würden so lange kämpfen, bis eine unterliegt. Damit sind wir wieder bei den austauschbaren Leistungen in stagnierenden Märkten. Egal ob Automobilzulieferer, Werkzeughersteller, Bierbrauer oder Zahnärzte – die meisten sind austauschbar. Das führt zu einem Verdrängungswettbewerb, der meistens über den Preis ausgetragen wird. Am Ende leben viele schlecht und viele gehen unter. Wer nicht erkennt, dass die Austauschbarkeit der größte Erfolgsverhinderer ist, hat in den zunehmend schwierigen Absatzmärkten keine Chance. Nur Unternehmen, die anders sind als die anderen, werden in ihrer Branche zu Markt- oder sogar Weltmarktführern.

Die **Anpassungsfähigkeit** ist neben der Differenzierung die zweite wichtige Eigenschaft, die erfolgreiche Unternehmen auszeichnet. Auch hier können wir uns an der Natur orientieren. Charles Darwin prägte bereits im Jahr 1859 das Prinzip des „Survival of the fittest". Die Übersetzung machte daraus: „Es überlebt in der Natur der Stärkere". Doch Darwin meinte etwas ganz anderes. Das englische Verb „to fit" heißt nämlich anpassen, einfügen. Nach Darwin überlebt also in der Natur das System, das sich am besten an sich immer schneller verändernde Rahmenbedingungen anpassen kann. Für Unternehmen heißt das, sich kontinuierlich zu wandeln, um überlebensfähig zu bleiben.

Und noch ein Prinzip der Natur können wir uns bei der Strategieentwicklung zu Nutze machen, um ein Unternehmen zum Erfolg zu führen: die Kybernetik. Erinnern Sie sich an das Schwungrad, das zum Teufelskreis werden kann? Wolfgang Mewes hat mit der **EKS-Lehre** (energo-kybernetische Strategie) die Analogie zu Unternehmen aufgebaut. Sie besagt, dass Unternehmen als soziale Systeme ebenso wie Pflanzen kybernetisch reagieren und agieren. Mewes betrachtet Strategie nicht als langfristige Erfolgsplanung, sondern als die Art und Weise, wie man die eigenen und verbündete Kräfte optimal zum Nutzen seiner Zielgruppe einsetzt. Über den Nutzen für die Zielgruppe wird der eigene Gewinn optimiert. Deshalb wohnt jedem Mangel eine Chance inne. Für die Unternehmen bedeutet das, sich auf die konzentrierte Suche nach wichtigen Problemen im Markt zu begeben, vor allem nach den künftigen. Das führt uns zu der Frage, die man sich am Anfang jeder Strategieentwicklung stellen sollte: „Was kann mein Unternehmen für die Welt tun?" beziehungsweise „Was fehlt der Welt ohne mein Unternehmen?" Fragen, die gar nicht so leicht zu beantworten sind.

3.1 Basis des Erfolgs: Kernkompetenzen

Die Kernkompetenzen Ihres Unternehmens sind die Basis für alle Wettbewerbsvorteile. Sie sind für das Besondere verantwortlich, das ein Unternehmen im Markt leistet. Jegliche Differenzierung, Positionierung und jeder Regelbruch können nur verwirklicht werden, wenn dafür die erforderlichen Kernkompetenzen zur Verfügung stehen. Sie sind sozusagen der Schatz Ihres Unternehmens, die Grundlage für Ihre Einzigartigkeit und damit der

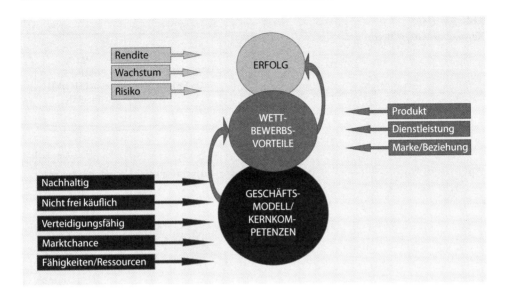

Abb. 3.1 Der Schneemann des Erfolgs

wichtigste Baustein für Ihre Strategie. Es gibt kein Unternehmen ohne Stärken, aber sehr viele ohne Kernkompetenzen (Abb. 3.1).

Kernkompetenzen sind in der Regel ein Bündel an Fähigkeiten, Wissen, Ressourcen und Know-how, das in dieser Kombination in Ihrem Markt idealerweise nur Ihr Unternehmen hat. Im Unterschied zu Stärken versetzen sie Sie am Markt in die Lage, Besonderes zu leisten. Sie schaffen Wettbewerbsvorteile, sind nachhaltig, verteidigungsfähig und nicht leicht zu kopieren, am Markt nicht frei käuflich. Außerdem haben sie das Potenzial, den Zugang zu einer Vielzahl von Märkten zu ermöglichen.

Beispiele für Kernkompetenzen

Die Kernkompetenz von Tchibo ist es, in jeder Stadt hochfrequentierte Convenience Outlets zu haben. Auf Basis dieser persönlichen Kundenbeziehung hat der Kaffeeanbieter mittlerweile seinen Markt erfolgreich auf das Produktspektrum Non-Food ausweiten können. Mit seinen zusätzlichen Lifestyle-Produkten, die unter dem Motto „Jede Woche eine neue Welt" günstig angeboten werden, erzielt Tchibo heute einen Umsatzanteil von 70 %. Seine Kernkompetenz hat das Unternehmen zu einer Marktausweitung befähigt, die zu einem Treiber des Unternehmenswerts wurde.

Hennes & Mauritz verfügt neben der Kernkompetenz Design auch über eine hohe Vertikalisierungskompetenz. Diese beinhaltet alle Aktivitäten von der physischen Produktion der Artikel bis zum Abverkauf im Laden. Ohne diese Fähigkeit wäre ein so häufiger Kollektionswechsel in den zahlreichen Filialen nicht möglich.

Kernkompetenzen sind häufig nicht direkt sichtbar. So verfügt der Fertigpizzahersteller Wagner auch über eine Kernkompetenz im Maschinenbau. Der eingesetzte

Abb. 3.2 Das
Kernkompetenzportfolio

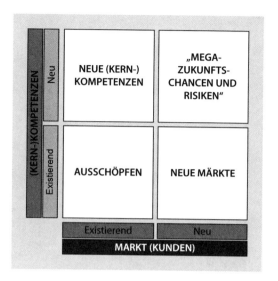

Ofen, in dem die Pizzen vorgebacken werden, ist über Generationen von dem Unternehmen weiterentwickelt worden. Ohne diese Fähigkeit wäre die hohe Pizzaqualität nicht möglich.

Mit dem Kernkompetenzportfolio können Sie die strategischen Optionen zum Aus- und Aufbau von Kernkompetenzen darstellen. Sie haben vier Optionen: Ausschöpfen, Marktausweitung, Kompetenzausweitung und Mega-Chancen – Mega-Risiken (s. Abb. 3.2).

Ausschöpfen: Hier geht es darum herauszufinden, wie die bereits heute von Ihrem Unternehmen bearbeiteten Marktsegmente mit den Ihnen zur Verfügung stehenden Kernkompetenzen noch besser ausgeschöpft werden können. Dabei geht es im Grunde genommen darum, in dem, was Sie tun, besser zu werden – schneller, qualitativ hochwertiger, preiswerter, individueller etc. Denn: Wer aufhört, besser zu werden, hat aufgehört, gut zu sein.

Marktausweitung: Stellen Sie sich die Frage, wie mit bestehenden Kernkompetenzen neue Märkte erschlossen werden können, welche Kernkompetenzen dafür zur Verfügung stehen und in welchen Stufen der Wertschöpfungskette diese abgebildet werden. So können Sie bestimmen, ob eine vertikale oder eine horizontale Ausdehnung der Wertschöpfungsstufen in Frage kommt oder ob Sie Ihre Kernkompetenzen in eine neue Branche übertragen können.

Kompetenzausweitung: Hier werden Kernkompetenzen identifiziert, die künftig für den Erhalt oder Ausbau von Wettbewerbsvorteilen notwendig sind. Fragen Sie sich, was Sie morgen können müssen, um Ihre Kunden überdurchschnittlich zufriedenzustellen oder sogar zu begeistern. Wenn zum Beispiel neue Trends zu erkennen sind, die für Sie und Ihre Branche von Bedeutung sind, ist es wichtig, dafür rechtzeitig neue Kernkompetenzen aufzubauen. Agieren ist besser als reagieren. Sony ist ein Beispiel dafür, wie man

Entwicklungen verpassen kann, weil man sich auf seinen Lorbeeren ausruht. Vom Trend-setter, Erfinder des Walkmans und der Playstation rutschte der Konzern zum müden Mit-läufer ab. Die Wettbewerber zogen an ihm vorbei.

Mega-Chancen – Mega-Risiken: Vielleicht liegen die größten Chancen für Sie und Ihr Unternehmen in Märkten, in denen Sie noch gar nicht aktiv sind und für die Sie auch nicht die passenden Kernkompetenzen vorweisen können. Es könnte sich um eine Mega-Chan-ce handeln, aber verbunden mit einem Mega-Risiko. Je weiter man sich von seinen Kern-kompetenzen entfernt, desto höher ist nämlich die Wahrscheinlichkeit zu scheitern. Über 85 % dieser Unterfangen gehen schief und vernichten Unternehmenswert. Das liegt daran, dass sich Unternehmen dazu verleiten lassen, neue Märkte zu besetzen, ohne eine bessere Kundenlösung zu bieten (da die Kernkompetenz fehlt) und ohne die Kunden (Märkte) mit ihren Bedürfnissen wirklich zu kennen. Insofern stellt dieses Feld eine große Chance und ein ebenso großes Risiko dar. Sofern Sie in dieses Feld vordringen, sollten Sie das sehr bewusst entscheiden.

► Hüten Sie sich davor, sich auf Ihren Kernkompetenzen auszuruhen. Der Wettbewerb schläft nicht, und die Märkte sind einem ständigen Wandel unterworfen.

3.2 Positionieren Sie sich richtig

Auf Grundlage Ihrer definierten Kernkompetenzen können Geschäftsfelder ausgewählt und bewertet werden. Sie sollten nur in Geschäftsfeldern agieren, in denen Sie aufgrund Ihrer Kernkompetenzen eine führende Rolle spielen können. Machen Sie nicht den Fehler, in Geschäftsfelder zu investieren, die sie zwar als attraktiv bewerten, in denen Sie aber keine gute Wettbewerbsposition aufbauen können. Die Wahl des Geschäftsfelds ist eine grundlegende Entscheidung für den künftigen Unternehmenserfolg. Lassen Sie sich nicht von der Attraktivität eines Markts verführen, in dem Sie keine Chance auf Marktführer-schaft haben. Ein Markt, in dem schlechter verdient wird, in dem Sie aber die Standards setzen, ist langfristig besser.

Die Kernkompetenzen geben auch vor, auf welchen Ebenen (Produkt, Service, Marke und Beziehung) Sie Wettbewerbsvorteile aufbauen können. In turbulenten Märkten ent-werten sich Wettbewerbsvorteile immer schneller. Nachhaltig sind nur durch Kernkom-petenzen abgestützte Wettbewerbsvorteile. Ihre Unternehmensstrategie muss darauf aus-gerichtet sein, sich Wettbewerbsvorteile zu verschaffen. Dafür müssen Sie sich Gedanken darüber machen, wie Sie Ihren Kunden den größten Nutzen bieten können und wie sich das Unternehmen gegenüber den Wettbewerbern profilieren kann. Sie können das auf drei Ebenen tun:

1. produktbezogen (zum Beispiel über den Preis),
2. produktbegleitend (Service) und
3. auf der emotionalen Ebene (Marke).

Diese Entscheidung bestimmt Ihre Positionierung im Markt.

Die Kernkompetenzen definieren auch die Positionierung Ihres Unternehmens innerhalb möglicher Erfolgsstrategien. Davon gibt es grundsätzlich drei:

1. Sie können sich als Kostenführer (operative Exzellenz) positionieren,
2. eine „More-for-less"-Position (Mehrwert) anstreben oder
3. sich im Premiumbereich (Image und Höchstpreise) aufstellen.

In allen drei Bereichen können Unternehmen sehr profitabel arbeiten. Wenn Sie sich für
den **Discount-Bereich** entscheiden, sollten Sie Ihre Produkte auf der Grundlage operativer Exzellenz mit der besten Kostenstruktur zum günstigsten Preis anbieten können, da
dieser das entscheidende Differenzierungskriterium darstellt, auf das diese Unternehmen
abzielen. Nur dann arbeiten Sie trotz eines relativ niedrigen Preises profitabel.

Beispiel: Aldi

Der Discounter hat es durch hochstandardisierte Prozesse und ein relativ kleines Pro-
duktsortiment (600 bis 800 Basisartikel) in eine weltweit führende Position geschafft.
Das durchschnittliche Unternehmen im Lebensmittelbereich bringt es nur in Ausnah-
mefällen auf eine Umsatzrendite vor Steuern von mehr als 1,5 %, bei Aldi sind es mehr
als 6 %.

Bei der **More-for-less-Strategie** werden preisgünstige Angebote mit einem zusätzlichen
Nutzen, dem so genannten Added Value ausgestattet, der den höheren Preis im Vergleich
zum Discounter rechtfertigt. Ein Beispiel für diese Strategie ist das Textilunternehmen
Hennes & Mauritz, das seinen preisgünstigen Angeboten den Zusatzwert „modisch" ver-
leiht. Die Unternehmen Zara und Mango zeigen, dass oft auch für mehrere Unternehmen
der gleichen Branche im gleichen Positionierungssegment Platz ist (s. Abb. 3.3).

Die **Premiumstrategie** setzt eine starke Marke voraus, gepaart mit einer hohen Inno-
vationskompetenz und außergewöhnlicher Kundennähe. Sie entziehen sich über diese
Differenzierung dem Preiswettbewerb und können damit die höchsten Preise in Ihrem
Markt durchsetzen. Oft sind Premiumprodukte nicht nur hochwertige Artikel, sondern
auch Prestigeartikel. Eine solche Positionierung verlangt eine genaue Abstimmung des
Produkts auf die Zielgruppe auf die Wünsche der Kunden. Gelingt Ihnen das, können Sie
auch mit relativ wenigen Kunden leben.

Beispiel: Premiumstrategie

Das Familienunternehmen Wiesmann aus dem Nordrhein-Westfälischen Dülmen stellt
einen Roadster her: individuell, exklusiv, PS-stark, handgefertigt, im Retro-Design, aber
mit modernster Technik und Motoren von BMW ausgestattet. Das Unternehmen hat
es geschafft, eine kleine Kundengruppe zu identifizieren, die einen kompromisslosen

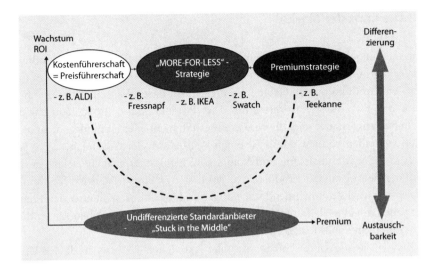

Abb. 3.3 Basiserfolgsstrategien in stagnierenden Märkten

Zweisitzer fahren möchte, die gleichzeitig Wert auf modernste Technik und Exklusivität legt, für die ein Porsche ein Massenprodukt ist und die bereit ist, Höchstpreise zu bezahlen. Mittlerweile gibt es mehrere Modelle des Roadsters und ein Coupé. Mit der gläsernen Fabrik und Erlebnisbesuchen bindet das Unternehmen seine Kunden – oder sollte man besser Fans sagen? – noch stärker an sich.

Was zu Ihnen und Ihren Kernkompetenzen passt, muss im Strategieentwicklungsprozess bestimmt werden. Auf keinen Fall sollten Sie sich dort ansiedeln, wo sich schätzungsweise 80 % aller Unternehmen befinden: im Bereich „Stuck in the Middle", denn dort tummeln sich die Austauschbaren, die Mittelmäßigen, die Zukunftslosen. Sie sind weder billig noch bieten sie dem Kunden einen Mehrwert oder ein Kultprodukt. Sie sind zum Scheitern verurteilte Mitläufer, die vom Markt verschwinden, sobald eine Marktbereinigung stattfindet.

▶ Ihre Aufgabe ist es, aus den kaufentscheidenden Faktoren Ihrer Kunden einen Wettbewerbsvorteil zu generieren, indem Sie sich nachhaltig auf den Ebenen Produkt, Service und Beziehungen differenzieren.

▶ Austauschbare Leistungen führen in stagnierenden Märkten zwingend zu einer negativen Renditeentwicklung. Die Positionierungsstrategie sichert eine überdurchschnittliche Rendite und schafft zudem die Basis für ein renditebewahrendes Wachstum. Die richtige Positionierung ist ein wichtiger Aspekt der Strategie.

3.2.1 Die Kraft der Marke

Die Entscheidung, wie Sie sich gegenüber dem Wettbewerb differenzieren, bedingt Ihre Positionierung im Markt. Bei der Unterscheidung auf der Produktebene geht es um harte Fakten wie Produktqualität, Gebrauchstauglichkeit, technologische Überlegenheit und auch um das Preis-Leistungs-Verhältnis. Das Produkt muss mit kaufentscheidenden Eigenschaften ausgestattet sein, die vom Wettbewerb nicht oder zumindest nicht in kurzer Zeit imitiert werden können, damit Sie einen Wettbewerbsvorteil erreichen. Das Navigationssystem, ABS, Mobiltelefone und Viagra sind Erfolgsbeispiele. Sie zeigen auch, dass eine Differenzierung auf der Produktebene am besten in jungen Märkten funktioniert. In reifen Märkten wird sie zunehmend schwieriger und ist oft nur noch über den Preis möglich. Sie gehen mit einer Differenzierungsstrategie, die sich allein auf heutige Produktvorteile ausrichtet, ein hohes Risiko ein.

Produktbegleitende Unterschiede, also alle Aktivitäten vor und nach der Übergabe einer Leistung an den Kunden sowie eventuelle Zusatzleistungen, bieten da schon ein höheres Potenzial. Als Spritzgießer können Sie zum Beispiel vor- und nachgelagerte Dienstleistungen wie die Werkzeugkonstruktion und -herstellung oder den Zusammenbau von Baugruppen anbieten. Nachteil der produktbegleitenden Differenzierung: Kunden sehen Serviceleistungen zunehmend als Selbstverständlichkeit.

Den größten Unterschied machen heute die emotionalen Unterschiede aus. Eine herausragende Rolle spielen dabei Marken. Marken sprechen nicht unseren Verstand an, sondern in erster Linie unser Unterbewusstsein. Sie setzen an den positiven Erfahrungen an, die wir in unserem Leben gemacht haben, an unseren Wünschen und Fantasien. Deshalb haben wirklich starke Marken auch oft eine Geschichte, die uns fasziniert. Die besten Geschichten zeigen uns, dass der Hersteller hinter seiner Marke steht. Wir gehen davon aus, dass er das, was er tut, aus Begeisterung tut. Gehen wir dazu noch einmal zurück zum Wiesmann-Roadster. Die Geschichte der ersten Vermarktungsversuche des Autos durch seine Erschaffer, die Brüder Friedhelm und Martin Wiesmann, ist inzwischen eine Legende. Nachdem die Entwicklung so viel Geld verschlungen hatte, dass nichts mehr für das Marketing übrig war, parkten die Brüder den Sportwagen vor einem Nobelhotel in Hamburg, in dem die Tennisprominenz untergebracht war. Jedes Mal, wenn jemand an dem Auto stehen blieb, waren die Brüder zur Stelle. Man kam ins Gespräch und unterhielt sich über das Auto. Das legte den Grundstein für die Bekanntheit der Marke Wiesmann in der einschlägigen Kundengruppe.

Starke Marken führen dazu, dass Kunden diese Produkte unbedingt besitzen wollen – so wie einen Ring von De Grisogono oder eine Harley-Davidson. Dafür nehmen Kunden sogar Nachteile und/oder einen hohen Preis in Kauf.

Kultobjekt Harley-Davidson

Das Motorrad wurde ursprünglich für die amerikanischen Straßen entwickelt: gerade, nur wenige Kurven, überwiegend flaches Land, Geschwindigkeitsbegrenzung. Durch den Film „Easy Rider" wurde Harley-Davidson Kult. Plötzlich war das Motorrad auch für viele Europäer ein Traum, obwohl es für enge, kurvige Straßen in den Alpen oder im Schwarzwald eigentlich viel zu schwerfällig ist. Das stört aber nicht. Harley-Davidson vermittelt den großen Traum von Freiheit und Abenteuer. Der Preis spielt dabei eine untergeordnete Rolle. Außerdem hat der Motorradhersteller frühzeitig erkannt, dass seine Kunden Individualisten sind. Deshalb gibt es kaum eine Harley, die wie die andere ist. Es gibt zwar Basismodelle, aber Customizing, das Design nach Kundenwunsch, wird großgeschrieben.

Doch auch in eher unspektakulären Segmenten gibt es Marken, die den Wettbewerb über-flügeln. Die Wagner Tiefkühlprodukte GmbH zum Beispiel ist einer der größten Hersteller von Tiefkühlprodukten im Premiumbereich in Europa. Der Umsatzanteil in Deutschland liegt bei 33 %. Dank hoher Qualität, ständigen Innovationen, einer konsequenten Mar-kenpolitik und eindeutigen Produktdifferenzierungen hat sich Wagner zu einer starken Marke entwickelt, die nach dem Motto „Einmal Wagner – immer Wagner" für höchste emotionale Bindung sorgt. Im B-to-B-Bereich ist ein solches Beispiel die Hoffmann Group aus München, Europas führender Systempartner für Qualitätswerkzeuge. Mit der Exklu-sivmarke Garant, ausgestattet mit den Merkmalen neuester Technik, Topqualität und aus-gezeichnetem Preis-Leistungs-Verhältnis, belegt die Marke im Bereich Zerspanung mitt-lerweile deutschlandweit den vierten Rang.

Marken sprechen Emotionen an – egal ob beim Endverbraucher oder beim Einkäufer eines Unternehmens. Aus diesem Grund möchte er das Produkt unbedingt besitzen. Das heißt nicht, dass Produktqualität und Preis überhaupt keine Rolle spielen, aber sie stehen bei der Kaufentscheidung nicht im Vordergrund. Ein gutes Beispiel dafür sind auch Life-style-Produkte wie iPod, Hi-Fi-Equipment, Kleidung und Schuhe, Kosmetik oder Möbel. Marken wie Apple, Bang & Olufsen, Jimmy Choo, Prada, Clinique und Rolf Benz bieten eben nicht nur eine hohe Qualität ihrer Produkte, sondern auch Status. Wer die Produkte besitzt, gehört dazu, ist „in". Denselben Effekt kann man übrigens im Normalpreisbereich beobachten. Seit die Kosmetikmarke Dove eine clevere Werbekampagne lanciert hat, bei der nicht perfekte Models im Mittelpunkt stehen, sondern normale Frauen, ist die Marke im öffentlichen Bewusstsein verankert und prosperiert.

▶ Eine starke Marke ist die nachhaltigste Differenzierung zum Wettbewerb. Zwischen Kunde und Unternehmen entsteht durch die Marke eine enge emotionale Bindung, die allerdings gepflegt werden muss. Markenmanagement ist deshalb eine Angele-genheit der obersten Führungsebene des Unternehmens, das auch die nötigen Res-sourcen für die strategische und operative Markenführung zur Verfügung stellen sollte.

▶ Ihr Kunde ist der wichtigste Faktor für die Entwicklung von Kompetenz, Akzeptanz und sogar Innovation. Ihre Aufgabe ist es, nach seinen zentralen Problemen zu suchen und sie sichtbar besser als andere zu lösen.

3.3   Wertschöpfungsketten strategisch überdenken

Ihre Kernkompetenzen sind auch von tragender Bedeutung für die Gestaltung der Wertschöpfungskette. Ob Sie eine Aktivität selbst ausführen oder auslagern, hängt in hohem Maße davon ab, inwieweit diese von Kernkompetenzen bestimmt ist und dadurch zu Wettbewerbsvorteilen führt. Elemente aus dem Bereich der Kernkompetenzen dürfen niemals ausgelagert werden, da dies Ihr Unternehmen in größte Gefahr bringen würde. Alle Prozesse, die nicht zu Ihren Kernkompetenzen gehören, sollten Sie auf den Prüfstand stellen. Kaum ein Unternehmen kann in allen Bereichen der Wertschöpfungskette Spitzenkompetenzen erbringen. Über die Neugestaltung von Wertschöpfungsketten entwickeln erfolgreiche Unternehmen Regelbrüche und differenzieren sich dadurch nachhaltig von ihren Mitbewerbern.

Viele Unternehmen haben Angst vor Abhängigkeiten. Deshalb tendieren sie dazu, möglichst viele Leistungen im eigenen Haus zu erbringen. Das führt zu teuer aufgebauten Kapazitäten, die ausgelastet werden müssen. Die Flexibilität kann dadurch nachhaltig beeinflusst werden. Strategisch empfehlenswert ist deshalb die Prüfung der Auslagerung aller Aktivitäten, deren relative Kompetenz und strategische Bedeutung niedrig sind.

Die Vorteile eines erfolgreichen Outsourcings:

* Sie können sich auf Ihre Kernkompetenzen konzentrieren.
* Sie vergeuden keine Energie mit Leistungen, die nicht wertschöpfend sind.
* Sie schonen Ihre finanziellen Ressourcen.

Integrator, Netzwerkspieler oder Funktionsspezialist? Überlegen Sie sich, wie Sie Ihre Wertschöpfungskette gestalten. Im Wesentlichen gibt es drei Möglichkeiten, wobei Abstufungen möglich sind.

Der Integrator Als Integrator halten Sie die Wertschöpfungskette von der Erstellung bis zum Verkauf an den Endkunden nahezu vollständig unter eigener Kontrolle. Sie haben beinahe keinen Fremdbezug und optimieren damit die Transaktionskosten zwischen den einzelnen Stufen. Durch ein hohes Maß an Autarkie müssen Sie keine Rücksicht auf andere nehmen. Sie sind in der Lage, innerhalb jeder Stufe Wettbewerbsvorteile in den Bereichen Zeit, Kosten, Qualität und Individualität aufzubauen.

Nachteil: Sie haben teuer aufgebaute Kapazitäten in allen Bereichen, die Sie auslasten müssen. Sie müssen Kompetenzen in Bereichen entwickeln, die vermutlich nicht zu Ihren Kernkompetenzen zählen.

Der Netzwerkspieler Sie sind kaum noch produzierend tätig, sondern konzentrieren sich auf die Aktivitäten, die im Markt differenzierend wirken. Adidas, Puma und das Bauunternehmen Bauwens aus Köln zählen zu den Netzwerkspielern. Über die geschickte Koordination arbeitsintensiver und zudem austauschbarer Wertschöpfungsaktivitäten gelingt es Ihnen, einen erheblichen Mehrwert zu generieren und Kostenvorteile zu realisieren.

Der Funktionsspezialist Funktionsspezialisten konzentrieren sich auf ein Leistungssegment in der Wertschöpfungskette, das sie branchenübergreifend ausführen und in dem sie besonders stark sind. Mit dieser Architektur gelingt es Ihnen, innerhalb des Marktes verteidigungsfähige Wettbewerbsvorteile aufzubauen.

▶ Es gibt keine Möglichkeit, den Unternehmenswert schneller zu steigern als durch das Weglassen nicht wertschöpfender Tätigkeiten. Trennen Sie sich von allem, das nichts bringt und das nicht zu Ihren Kernkompetenzen zählt.

3.4 Strategische Optionen bewerten

„Handle stets so, dass neue Möglichkeiten entstehen" (Norbert Wiener)

Nach diesem Grundsatz wird ein gutes Unternehmen immer verschiedene strategische Optionen zur Umsetzung der strategischen Stoßrichtung gegeneinander abwägen. Meist gibt es nicht nur eine Option. Die Stoßrichtungen ergeben sich aus der Weiterentwicklung der Kernkompetenzen, der Auswahl der Geschäftsfelder, der strategischen Positionierung und der Gestaltung der Wertschöpfungskette. Wägen Sie ab, welche strategischen Optionen für Ihr Unternehmen am besten geeignet sind. Ausschlaggebend ist, welche Option zum größten messbaren Mehrwert führt, denn das strategische Oberziel eines Unternehmens ist immer dasselbe (s. Abb. 3.4).

Nachhaltig, profitabel, mit vertretbarem Risiko und gesund wachsen Um dieses Oberziel, das gleichzeitig der Erfolgsindikator Ihres Unternehmens ist, zu erreichen, müssen Sie strategische Stoßrichtungen festlegen, die zu einer Verbesserung der Werttreiber Rendite, Wachstum und Risiko führen. Folgende Wirkungen sollen erzielt werden:

* Wachstum: Steigerung der Gewinne und des Cashflows durch eine Steigerung des Umsatzvolumens.
* Rentabilitätssteigerung: Steigerung der Gewinne durch eine effizientere Nutzung des Umsatzpotenzials sowie eine Optimierung des Kapitaleinsatzes.
* Risikoreduzierung: Weniger Risiko (besseres Rating) bei gleichen Gewinnen.

Um diese Ziele zu erreichen, kann man drei strategische Stoßrichtungen als Hauptvarianten unterscheiden:

1. **Wachstums-Strategien** weisen eine relativ lange Umsetzungszeit auf, stellen aber den größten Werthebel dar. Wachstum geschieht über Verdrängung, Innovation, Kooperation oder Zukauf.
2. **Rentabilitätsstrategien** zeigen kurzfristig meistens die größte Wirkung. Dabei geht es um Reduzierung der Kosten im Unternehmen, Optimierung der Kapitalbindung in Anlage- und Umlaufvermögen und um Produktivitätssteigerung.

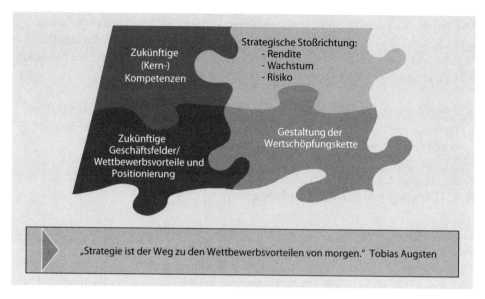

Abb. 3.4 Kernelemente der Strategie

3. Bei einem ungünstigen Verhältnis von Risiko und Risikodeckungspotenzial stellen **risi-koorientierte Strategien** den größten Stellhebel dar. Hier werden Risiken optimiert, indem man sie vermeidet, vermindert oder auf Dritte überträgt. Gleichzeitig werden Eigenkapitalausstattung und Liquiditätsreserven verbessert.

Jede Strategie sollte systematisch in ihrer Wirkung auf die künftige Rendite, das künftige Wachstum und das künftige Risiko abgebildet werden. Das ist mit Hilfe verschiedener Softwarelösungen leicht und sicher möglich. Sollte es Ihnen schwerfallen, sich für eine Strategie zu entscheiden, fragen Sie sich, ob Sie wirklich so weitermachen möchten wie bisher.

▶ „Rendite ohne Wachstum ist tödlich. Wachstum ohne Rendite ist auch tödlich – dauert nur länger!" (Reinhold Würth)

3.5   Checkliste für Ihr strategisches Konzept

- Wie lauten die Mission, die Vision und das formulierte Wertesystem für Ihr Unternehmen?
- Wie sieht das SWOT-Profil Ihres Unternehmens aus?
- Was sind Ihre entscheidenden Kernkompetenzen?
- Welche Kernkompetenzen möchten Sie künftig aufbauen, um in den gewählten Geschäftsfeldern eine führende Wettbewerbsposition einzunehmen?
- Wie unterscheidet sich Ihr Angebot von dem des Wettbewerbs?

- Welchen Nutzen können Sie dem Kunden bieten, den die Wettbewerber nicht bieten?
- Welche zentralen Kundenprobleme lösen Sie sichtbar besser als der Wettbewerb?
- Wie lauten Ihre entscheidenden Wettbewerbsvorteile?
- Welche Geschäftsfelder wollen Sie zukünftig besetzen und auf welchen Märkten wollen Sie tätig sein?
- Welche Positionierung strebt Ihr Unternehmen an?
- Welche Aktivitäten der Wertschöpfungskette bauen auf Kernkompetenzen auf und dienen dem Aufbau von Wettbewerbsvorteilen?
- Welche Aktivitäten können an Fremdunternehmen abgegeben werden?
- Wie sollten die betrieblichen Ressourcen auf die einzelnen Schritte der Wertschöpfungskette aufgeteilt werden?
- Wo muss besonders investiert werden?
- Wie wirkt sich die angestrebte Wertschöpfungskette auf Ihre Kostenstruktur aus?
- Wie ist Ihre Finanzstruktur (Verhältnis Eigen- zu Fremdkapital)?
- Wo liegen die durchschnittlichen Kapitalrenditen in Ihrem Markt?
- Wie wollen Sie Ihre Rendite erhöhen – durch Differenzierung, Produktivität oder durch effizientere Nutzung des eingesetzten Kapitals?
- Mit welchem Marktwachstum rechnen Sie?
- Welche strategische Stoßrichtung zur Steigerung des Unternehmenswerts hat Priorität?

Strategien scheitern meistens an Menschen Eine Strategie zu entwickeln, ist eine anspruchsvolle Aufgabe. Fast noch anspruchsvoller ist es, sie auch tatsächlich nachhaltig zu implementieren und im Unternehmen zu verankern. Nur dann kann sie nämlich den Unternehmenserfolg bewirken. Doch die Frage „Wie setzen wir die notwendigen grundlegenden Veränderungen im Unternehmen um?" wird allzu oft nicht beantwortet. Fast alle Strategien scheitern an diesem Punkt. Ein wichtiger Grund – abgesehen von der fehlenden Konsequenz – ist, dass sich die wenigsten Führungskräfte über das „Wie" einer Maßnahme hinaus konkrete Schritte überlegen. Die Qualität der Umsetzung bestimmt jedoch, in welchem Maße und wie schnell das „Strategiepapier" in Ergebnisse übersetzt werden kann. Hinzu kommt, dass bei einem Strategiewechsel oder einer neuen strategischen Ausrichtung oft innerhalb der Organisation erhebliche Widerstände überwunden werden müssen. Eine neue Strategie hat Konsequenzen für Mitarbeiter, Struktur, Prozesse und vieles mehr.

Menschen setzen Strategien um, und Menschen sind für den Erfolg von Unternehmen verantwortlich. Doch Veränderung löst Unsicherheit aus und steht im Widerspruch zum Wunsch der Menschen nach Stabilität. Die Sicherheit der vertrauten Gegenwart – auch wenn sie nicht gut sein sollte – wird nur ungern zugunsten einer unbekannten Zukunft aufgegeben. Führungskräfte, deren Mitarbeiter nicht „mitziehen", kämpfen einen aussichtslosen Kampf. Deshalb ist die Einbeziehung aller Mitarbeiter auf allen Ebenen bei der Strategieumsetzung unabdingbar. Es reicht nicht aus, dass sie die Strategie kennen. Sie müssen die Strategie und ihre Umsetzung verstehen und aktiv mittragen.

Beantworten Sie die folgenden Fragen mit ja oder nein.

- Kennen Mitarbeiter und Führungskräfte die (neue) Strategie?
- Wird sie von allen verstanden und als Leitidee für ihr Handeln im Sinne der Unternehmensziele akzeptiert?
- Werden die Mitarbeiter der neuen Veränderung gerecht oder sind Maßnahmen wie Schulungen erforderlich?
- Kennen alle Mitarbeiter ihre persönlichen Aufgaben und ist die Art und Weise klar, wie sie künftig mit Kollegen zusammenarbeiten werden?
- Ist jeder Mitarbeiter so motiviert, dass er die Realisierung der Strategie in seinem Aufgabenbereich mit Nachdruck vorantreibt?
- Werden die wichtigsten Werttreibergrößen, die entscheidend für die Umsetzung der Strategie sind, klar herausgearbeitet, in standardisierter Form ermittelt und systematisch überwacht und gesteuert?
- Wird sichergestellt, dass die das Tagesgeschäft überlagernden, meist bereichsübergreifenden Umsetzungsprojekte und -maßnahmen abgearbeitet werden?

Wenn Sie nicht alle Fragen mit Ja beantwortet haben, müssen Sie darauf gefasst sein, dass es mit der Umsetzung Ihrer Strategie hapert. Je mehr Fragen Sie mit Nein (oder wahrscheinlich) beantwortet haben, desto wahrscheinlicher ist ein Scheitern. Greifen Sie sofort ein und befassen Sie sich intensiv mit der Umsetzung der Strategie. Schenken Sie dabei den Bereichen Unternehmenskultur, Umsetzungskompetenz sowie Entwicklung und Training besondere Aufmerksamkeit.

▶ Einer der Haupterfolgsfaktoren für die erfolgreiche Umsetzung der Strategie sind die Mitarbeiter des Unternehmens. Verwenden Sie deshalb höchste Sorgfalt darauf, die Mitarbeiter mitzunehmen und ihre Kompetenzen entsprechend weiterzuentwickeln.

Literatur

Weissman, Arnold. 2011. *Die großen Strategien für den Mittelstand*. New York: Campus Verlag.

Weiterführende Literatur

Gleißner, Werner, und Arnold Weissman. 2001. *Kursbuch Unternehmenserfolg: 10 Tipps zur nachhaltigen Steigerung des Unternehmenswertes*. Offenbach: Gabal Verlag.
May, Peter. 2001. *Lernen von den Champions: Fünf Bausteine für unternehmerischen Erfolg*. Frankfurt a. M: FAZ-Buchverlag.
Simon, Hermann. 2007. *Hidden Champions des 21. Jahrhunderts: Die Erfolgsstrategien unbekannter Weltmarktführer*. New York: Campus Verlag.

Das Unternehmenscockpit

4

4.1 Der Cockpitaufbau

Nachdem es bisher um die Voraussetzungen für die Cockpitarbeit ging – die Strategieentwicklung – steigen wir jetzt in den Aufbau des Cockpits ein. Im System Weissman entspricht das, was in den folgenden Kapiteln erläutert wird, den Stufen sieben bis zehn. Die Stufen sieben und acht befassen sich mit dem eigentlichen Aufbau des Cockpits und seiner Implementierung, basierend auf der Strategieentwicklung entsprechend den sechs ersten Stufen des Systems Weissman (Kap. 1 und 2). Auf den Stufen neun und zehn geht es um die richtige Umsetzung der Strategie und ihre nachhaltige Implementierung. Beides spielt stark in die Cockpitarbeit hinein. Zunächst befassen wir uns mit dem Aufbau des Cockpits und den dafür notwendigen Vorarbeiten (s. Abb. 4.1).

4.1.1 Klärung der Vision und Strategie inklusive Strategie-Check

Vision und Strategie zählen insofern zum Cockpitaufbau, als sie unabdingbare Voraussetzungen sind. Wir haben sie in den letzten beiden Kapiteln ausführlich behandelt, deshalb fassen wir hier nur das Wichtigste zusammen. Die Vision soll die Frage klären: „Wohin wollen wir?", die Strategie beschreibt den Weg. Sie ist die Grundlage, auf der das Unternehmenscockpit aufbaut. Es ist ein Instrument zur Umsetzung Ihrer Strategie und zeigt Ihnen jederzeit, wo Sie aktuell stehen, aber auch, wo es hakt, wo es Probleme geben könnte und wo Sie etwas unternehmen müssen. Damit ist es Frühwarnsystem und Messinstrument zugleich. Denken Sie daran, Ihre Strategie mindestens einmal pro Jahr zu überprüfen und gegebenenfalls anzupassen. Strategiediskussionen gehen im Tagesgeschäft häufig unter. Lassen Sie das nicht zu, sondern setzen Sie regelmäßige Strategie-Meetings an, bei denen Sie überprüfen, ob Ihre Strategie noch mit den Gegebenheiten übereinstimmt, ob sie tatsächlich im Unternehmen angekommen ist und umgesetzt wird.

▶ Eine klare Strategie ist zwingende Voraussetzung für das Unternehmenscockpit.

A. Weissman et al., *Das Unternehmenscockpit*,
DOI 10.1007/978-3-8349-4127-5_4, © Gabler Verlag | Springer Fachmedien Wiesbaden 2012

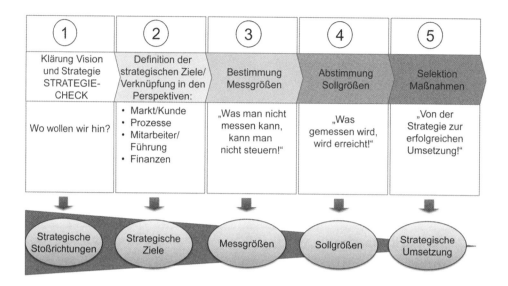

Abb. 4.1 Vorgehen beim Aufbau des Cockpits

4.1.2   Definition der strategischen Ziele

In dieser Phase brechen Sie Ihre strategischen Ziele auf die vier Perspektiven Markt/Kunde, Prozess, Mitarbeiter/Führung und Finanzen herunter und verknüpfen sie miteinander. Dabei handelt es sich um eine Aufgabe, die Zeit und Sorgfalt erfordert, denn nur wenn die Strategie in allen Bereichen des Unternehmens verankert ist und jeder Mitarbeiter genau weiß, was sein Beitrag ist, kann die Umsetzung funktionieren. Hier ist es besonders wichtig, die Zusammenhänge zwischen den einzelnen Perspektiven herzustellen. Keine Perspektive steht alleine für sich, sondern alle wirken zusammen und beeinflussen sich gegenseitig. Deshalb ist eine ganzheitliche Betrachtung Voraussetzung für das Gelingen der Strategieumsetzung. Das Kausalnetz, das aus der Verbindung der Inhalte der Perspektiven und ihrer Zahlen entsteht, bildet die Ursachen für die Entwicklungen in Ihrem Unternehmen ab. Damit wissen Sie, an welchen Stellschrauben Sie drehen müssen, um Ihre Ziele zu erreichen.

▶   Ihre strategischen Ziele müssen in allen Bereichen und bei allen Mitarbeitern des Unternehmens bekannt und verankert sein.

4.1.3   Bestimmung der Messgrößen

„Was man nicht messen kann, kann man nicht steuern." Verinnerlichen Sie diesen Satz. Alles für den Erfolg Wichtige, was in Ihrem Unternehmen geschieht, von der Produktentwicklung über die Werbung bis zur Weiterbildung der Mitarbeiter, muss im Cockpit in einen logischen, messbaren Zusammenhang gebracht werden können und letztlich auf den Unternehmenswert wirken. Deshalb müssen Sie aussagekräftige Kennzahlen für alle vier Perspektiven finden und festlegen. Jedes Unternehmen muss diese Aufgabe für sich selbst in Angriff nehmen. Es gibt nur wenige Kennzahlen, die jedes Unternehmen erheben sollte – meistens sind dies typische Finanzkennzahlen. Die meisten anderen Kennzahlen sind eine individuelle Angelegenheit und von Geschäftsmodell sowie Strategie des Unternehmens abhängig.

▶ Legen Sie nicht zu viele Kennzahlen fest. Folgen Sie dem Motto „Qualität statt Quantität".

4.1.4   Abstimmung der Zielwerte

Auch hierfür gibt es einen Satz, den Sie sich merken sollten: „Was gemessen wird, wird erreicht". Jetzt geht es darum, das Cockpit zu operationalisieren, damit Sie einen Überblick über den Fortschritt der Strategie erreichen und ein Frühwarnsystem installieren können. Wir empfehlen, Korridore festzulegen, in denen sich die Zahlen, die Sie haben möchten, bewegen. Damit können Sie ein Ampelsystem schaffen, das Ihnen auf einen Blick zeigt, wo Handlungsbedarf besteht. Grün bedeutet, dass Ihre Idealzahl erreicht ist. Bei einer Abweichung von beispielsweise zwei Prozent nach unten würde die Ampel gelb leuchten, bei mehr als zwei Prozent rot. Dazu müssen Sie Ihre Kennzahlen genau definieren, Zielwerte sowie zulässige und maximale Abweichungen festlegen, Verantwortliche benennen und die Ist-Werte berechnen, damit Sie wissen, wo Sie starten beziehungsweise aktuell stehen.

▶ Versäumen Sie nicht, Verantwortliche für die einzelnen Kennzahlen festzulegen. Wenn sich niemand verantwortlich fühlt, passiert nichts.

4.1.5   Selektion der Maßnahmen

In der fünften Phase geht es ganz konkret um die strategische Umsetzung, um den Weg von der Strategie zur erfolgreichen Umsetzung. Sie arbeiten mit dem Cockpit und leiten aus den Zahlen kontinuierlich die Maßnahmen ab, die Ihr Unternehmen zum Erfolg führen und den Unternehmenswert steigern.

▶ Erhebliche Unterschiede zwischen den angestrebten Soll-Werten und den tatsächlichen Ist-Werten einer Kennzahl verdeutlichen immer strategischen Handlungsbedarf.

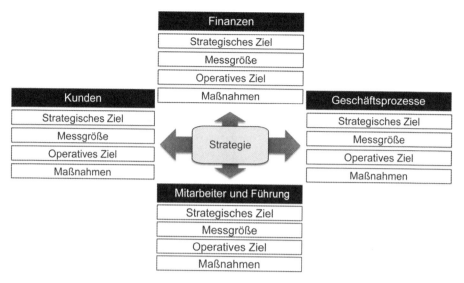

Abb. 4.2 Die Balanced Scorecard

4.2 Von der Balanced Scorecard zum Werthebelbaum

Allen Unternehmen, egal welcher Branche oder Größe, ist gemeinsam, dass ihre Mitarbeiter Produkte oder Dienstleistungen erbringen, die bei Kunden oder auf Märkten abgesetzt werden. Diese Handlungen führen zu Ausgaben und Einnahmen, die sich im Finanzergebnis widerspiegeln. Aus dieser Grundlogik heraus sind die vier Perspektiven entstanden:

1. Markt/Kunde
2. Prozesse
3. Mitarbeiter/Führung
4. Finanzen/Risiko

Sie sind die strukturierenden Elemente für das Unternehmenscockpit. Für jede Perspektive müssen Sie sich fragen, was Sie erreichen wollen, welches Ihr strategisches Ziel dafür ist, welche Messgröße Sie dafür haben, wie das operative Ziel aussehen soll und welche Maßnahmen Sie dafür ergreifen müssen (Abb. 4.2).

Erfinder dieses Systems sind der Harvard-Professor Robert S. Kaplan und der Unternehmensberater David P. Norton. Ihr Ziel war es, mit den Unzulänglichkeiten klassischer Finanzkennzahlensysteme aufzuräumen. Reine Finanzdaten wie Deckungsbeiträge, Gewinn oder Umsatz bilden immer nur die Vergangenheit ab und sind somit nicht mehr als ein Blick in den Rückspiegel. Das von Kaplan und Norton geschaffene System nennt man die Balanced Scorecard. Das System beinhaltet auch den Blick nach vorne. Für die

Aufstellung eines ausgewogenen Zielsystems ist eine Ergänzung um die Treiber künftigen Erfolgs wie Prozesse oder Mitarbeiterpotenziale notwendig. Aus der Betrachtung der vier Perspektiven Markt/Kunde, Prozesse, Mitarbeiter/Führung und Finanzen/Risiko ergibt sich die Möglichkeit, den Stand der Zielerreichung – also die Umsetzung der Strategie – regelmäßig zu überprüfen und erforderliche Korrekturmaßnahmen frühzeitig einzuleiten.

Exkurs: Balanced Scorecard

Das Grundkonzept von Kaplan und Norton von Anfang der 1990er-Jahre basiert auf der Idee eines logischen Systems, das es modernen Unternehmen ermöglicht, nicht nur vergangene Ereignisse und Ergebnisse zu messen, sondern auch die Potenziale, die in Zukunft wertschöpfend sind. Nach ihrer Meinung gab es damals (oft noch heute) in den meisten Managementsystemen eine Lücke, die Unternehmen davon abhielt, sich immer wieder an ihre Strategie anzupassen und sie konsequent zu verfolgen.

Kaplan und Norton selbst erklären in ihrem Buch „Balanced Scorecard: Strategien erfolgreich umsetzen" die Balanced Scorecard wie folgt:

„Die Balanced Scorecard sollte die Mission und Strategie einer Geschäftseinheit in materielle Ziele und Kennzahlen übersetzen können. Die Kennzahlen sind eine Balance zwischen extern orientierten Messgrößen für Teilhaber und Kunden und internen Messgrößen für kritische Geschäftsprozesse, Innovation sowie Lernen und Wachstum. Die Kennzahlen halten die Balance zwischen den Messgrößen der Ergebnisse vergangener Tätigkeiten und den Kennzahlen, welche zukünftige Leistungen antreiben. Und die Scorecard ist ausgewogen in Bezug auf objektive, leicht zu quantifizierende Ergebniskennzahlen und subjektive, urteilsabhängige Leistungstreiber der Ergebniskennzahlen".

Dank ihrer flexiblen und damit umfassenden Gestaltungsmöglichkeiten ist die Balanced Scorecard ein Instrument zur Einrichtung eines integrierten Managementsystems. Sie ermöglicht es, die Geschäftsvision zu verfolgen. Dem Management wird dadurch über die Betrachtung der finanziellen Aspekte hinaus ermöglicht, auch strukturelle Frühindikatoren für den Geschäftserfolg zu steuern. Ausgehend von einer Strategie, die neben den Shareholdern auch andere Stakeholder wie Mitarbeiter und Lieferanten berücksichtigt, werden kritische Erfolgsfaktoren bestimmt und daraus wird mit „Key Performance Indicators" ein Kennzahlensystem (Scorecard) erstellt. Die Messgrößen repräsentieren den Erfüllungsgrad der strategischen Ziele. In einem kontinuierlichen Prozess werden Ziele und Zielerreichung überprüft und durch korrigierende Maßnahmen gesteuert.

Einer der großen Vorteile dieses Systems ist seine Flexibilität, die es erlaubt, die Perspektiven unternehmensindividuell zu erweitern. Das birgt allerdings gleichzeitig die Gefahr, dass das System zu komplex wird. Deshalb sollten Sie darauf achten, dass das System für Sie handhabbar und übersichtlich bleibt. Das gilt sowohl für die Anzahl der Perspektiven als auch für die Anzahl der Schlüsselelemente und Kennzahlen. Mehr ist hier nicht unbedingt besser.

4.2.1   Das Cockpit in der Unternehmenssteuerung

Grundlage einer wertorientierten Unternehmensführung ist Ihre Strategie, die sich in Vision, Mission und dem Leitbild manifestiert. Darauf setzen die strategische Planung und Festlegung der strategischen Ziele im Cockpit in den vier Perspektiven Markt/Kunde, Prozesse, Mitarbeiter/Führung und Finanzen/Risiko auf. Damit werden die strategischen

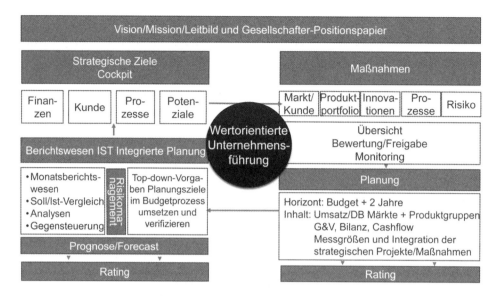

Abb. 4.3 Das Cockpit als integraler Bestandteil des Unternehmenssteuerungsmodells

Maßnahmen festgelegt, bewertet und überwacht. Diese Ergebnisse fließen wiederum in die mittelfristige Planung ein, die Umsatz, Märkte, Produktgruppen, GuV, Bilanz, Cashflow, Kennzahlen und die Integration der strategischen Projekte und Maßnahmen beinhaltet. Darauf bauen Berichtswesen und Integrierte Planung auf. Außerdem dient die mittelfristige Planung auch der Abbildung und Verbesserung des Ratings. Das Berichtswesen mit Monatsberichten, Soll-Ist-Vergleich, Analysen und Steuerungsmaßnahmen sowie die Integrierte Planung mit Top-down-Vorgaben, Planungszielen und ihre Umsetzung im Budgetprozess ermöglichen zusammen mit dem Risikomanagement eine Prognose über die künftige Entwicklung des Unternehmenswerts und liefern aussagekräftige Zahlen für das Rating. Die gewonnenen Erkenntnisse fließen wiederum in die Überprüfung und Ausrichtung des Cockpits ein (s. Abb. 4.3).

Bevor Sie sich intensiv mit dem Cockpit befassen, sollten Sie noch einmal darüber nachdenken, was Erfolg für Sie als Unternehmer bedeutet. Für uns gilt folgender Satz:

„Erfolg ist, wenn der Unternehmenswert nachhaltig gesteigert werden kann". Der Unternehmenswert wird entscheidend beeinflusst von den Faktoren Rendite, Wachstum und Risiko.

Die **Renditeentwicklung** wird beeinflusst durch

- das investierte Kapital (Anlage- und Umlaufvermögen etc.),
- die Produktivität (Gemeinkosten, Zeit, Kosten, Qualität, Individualität etc.),
- die Differenzierung (produktbezogene und -begleitende, emotionale Faktoren),
- die Marktattraktivität (Marktwachstum, Konjunkturempfindlichkeit, Kundenbindungsmöglichkeiten, Markteintrittsbarrieren etc.).

Das **Unternehmenswachstum** (relativ zum Markt) wird beeinflusst durch

- Verdrängung (produktbezogene, -begleitende, emotionale Faktoren etc.).
- Innovation (produktbezogene und -begleitende, emotionale Faktoren, regionale Ausweitung),
- Kooperationen (produkt-, service- und marktbezogene Kooperationen),
- Zukauf (von Lieferanten, Märkte, Wettbewerber etc.).

Das **Unternehmensrisiko** wird beeinflusst durch

- das Finanzstrukturrisiko (Eigenkapitalquote, Liquiditätsausstattung etc.),
- das Kostenstrukturrisiko (Personal- und Produktionsflexibilität, Vertragsbindung etc.),
- das Leistungsrisiko (Produktionsstörung, Mitarbeiterausfall, Kalkulationsfehler, Lieferantenabhängigkeit etc.),
- das Marktrisiko (Umsatzschwankungen, Kundenbindungsmöglichkeit, Konjunkturempfindlichkeit etc.).

Die Strategie soll den Erfolg Ihres Unternehmens sicherstellen und den Unternehmenswert nachhaltig steigern. Deshalb ist es wichtig, sich im Rahmen der Strategieentwicklung mit all diesen Faktoren gründlich zu befassen. Mit dem Cockpit stellen Sie sicher, dass Sie den Weg, den Sie gehen möchten, konsequent gehen, Schlaglöcher und Stolpersteine rechtzeitig bemerken und sie ohne Verletzungen überwinden.

▶ Das Cockpit liefert Ihnen die Zahlen, die Sie brauchen, um den wirtschaftlichen Erfolg Ihres Unternehmens aussagekräftig zu dokumentieren und gleichzeitig das von den Banken durchgeführte Rating abzubilden.

4.2.2   Unternehmenswert als Erfolgsmaßstab

Der Werthebelbaum ist das zentrale Steuerungs- und Abbildungsinstrument für den Unternehmenserfolg. Er stellt den Unternehmenswert dar, der die Kenngröße für das Management ist. In ihm sind die Werttreiber des Unternehmens abgebildet. In ihn fließen alle Informationen aus dem Cockpit ein.

Die Ausrichtung des Unternehmens am Unternehmenswert wurde vom Wirtschaftswissenschaftler Alfred Rappaport geprägt. Dies wird manchen verwundern, gilt doch Rappaport zusammen mit Joel Stern als Vater des Shareholder Value, der inzwischen allgemein eher als Synonym für kurzfristige Profitgier gilt. In einem Interview mit dem „manager magazin" Februar 2009 stellte Rappaport klar: „Wir sollten uns daran erinnern, worum es beim Shareholder-Value-Konzept wirklich geht: Ja, es geht um steigenden Cashflow, aber es geht auch um Langfristigkeit und Risikoabschätzung. Wären diese Prinzipien universell praktiziert worden, dann hätten wir jetzt keine Finanzkrise".

In den USA, der Heimat des Professors, ist es schon seit Längerem Konsens, die Steigerung des Unternehmenswerts als die entscheidende Steuerungsgröße bei der Führung eines Unternehmens zu betrachten. Eine Sichtweise, die sich auch bei uns immer stärker durchsetzt. Anstelle des aktuellen Periodengewinns wird der Wert des Unternehmens, der die gesamten Zukunftsperspektiven einbezieht, als neuer Indikator für den Erfolg angesehen. Für die langfristige Erhaltung eines Unternehmens gibt es zwei wesentliche Voraussetzungen: immer ausreichende Liquidität – die Amerikaner sagen „never out of cash" – und ausreichend hohe Vermögenswerte. Unternehmen, die keine adäquate Wertsteigerung generieren, werden für Investoren unattraktiv. Ihre Kreditwürdigkeit wird von den Banken als schlecht eingestuft, denn sie ziehen das Verhältnis von Fremdkapital zum Marktwert des Eigenkapitals (= Unternehmenswert) als Beurteilungskriterium der Bonität heran. Damit werden die Chancen eines nicht wertsteigernden Unternehmens, zu investieren und zu wachsen, logischerweise eingeschränkt.

▶ Die Rendite auf das eingesetzte Kapital muss größer sein als die Kosten des eingesetzten Kapitals.

Das bedeutet in der Konsequenz: Alles, was in Ihrem Unternehmen geschieht, sollte seinen Wert nachhaltig steigern. Mit dem Cockpit und seinem Kausalnetz, das Ihnen die Zusammenhänge zwischen Ihren geplanten Maßnahmen und dem künftigen Mehrwert abbildet, werden die Werttreiber des Unternehmens identifiziert. Außerdem wird sichergestellt, dass in allen Unternehmensbereichen eine Mindestrendite erzielt wird. Dabei ist der Unternehmenswert kein reiner Shareholder Value, sondern ein Stakeholder Value.

Der Unternehmenswert wird in einem Werthebelbaum dargestellt, der alle relevanten Kennzahlen anzeigt, die für die Berechnung nötig sind (Abb. 4.4).

Berechnung des Unternehmenswerts Die Ansätze zur Berechnung des Unternehmenswerts orientieren sich an der Umsetzbarkeit in der Praxis. Dabei werden insbesondere betriebswirtschaftlich aussagekräftige Größen sowie unter Risikogesichtspunkten berechnete Kapitalkostensätze herangezogen. Zur Ermittlung des Unternehmenswerts eignen sich – je nach Zielsetzung des Unternehmens – unterschiedliche methodische Ansätze. Wir stellen Ihnen verschiedene Berechnungsmethoden vor:

Discounted Free Cashflow Theoretisch ist der beste Ansatz zur Berechnung des Unternehmenswerts die „Discounted-Free-Cashflow-Methode" (DFCF), sozusagen das theoretische Idealmodell, weil es vollkommene Flexibilität bietet. Unter DFCF versteht man die Summe der mit den erwarteten Kapitalkosten diskontierten freien Cashflows abzüglich des Werts des Fremdkapitals. Im Gegensatz zu anderen Maßstäben lässt der Discounted Free Cashflow durch eine langfristige Betrachtung der erwarteten Zukunft des Unternehmens keine kurzfristigen Fehlsteuerungen zu. Grundlage der Bestimmung des Unternehmenswerts ist die geplante Unternehmensentwicklung der nächsten Jahre, insbesondere die zukünftigen freien Cashflows. Damit erfüllt der Discounted Free Cashflow alle Anfor-

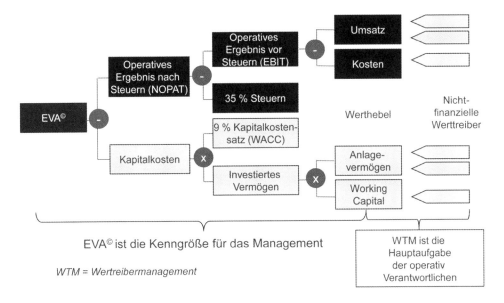

Abb. 4.4 Der Werthebelbaum

derungen an einen harten Maßstab für die Beurteilung des Erfolgs eines Unternehmens. Er ist buchhalterisch nur schwer zu beeinflussen und zeigt die künftigen Wertpotenziale im Sinne der abgezinsten freien Liquidität auf. Nachteile dieses Modells sind zum einen die Überforderung des Planungssystems in der Praxis und zum anderen die extreme Abhängigkeit von der richtigen Einschätzung der durchschnittlichen Kapitalkosten (WACCs). Letztendlich handelt es sich um eine Scheingenauigkeit.

$$UW = \sum_{t=1}^{\infty} \frac{fCF_t}{(1 + WACC)^t} - FK_0$$

UW   = Unternehmenswert
fCF_t = freie Cashflows in der Periode t
FK_0 = Fremdkapitalkosten zum gegenwärtigen Zeitpunkt
WACC = durchschnittliche Kapitalkosten

Statisches Ertragswertmodell Für das statische Ertragswertmodell setzt man die Wachstumsrate auf Null und vereinfacht so die DFCF-Formel folgendermaßen: Mit EBIT × (1 – s) wird impliziert, dass keine Erweiterungsinvestitionen in das gebundene Kapital (= Anlagevermögen + Umlaufvermögen – Verbindlichkeiten aus Lieferungen und Leistung) stattfinden. Aufgrund der Annahme, dass kein Wachstum stattfindet, ist dieses Modell für wachstumsorientierte Unternehmensstrategien jedoch relativ ungeeignet.

$$UW_{stat} = \frac{EBIT \times (1 - s)}{WACC} - FK_0$$

UW_{stat} = statischer Unternehmenswert
EBIT   = Betriebsergebnis
S   = Steuersatz
WACC = durchschnittliche Kapitalkosten
FK_0 = Fremdkapitalkosten zum gegenwärtigen Zeitpunkt

Zwei-Phasen-Wachstumsmodell Das Zwei-Phasen-Wachstumsmodell geht davon aus, dass die anfängliche Wachstumsrate des Unternehmens (w_0) im Zeitraum T kontinuierlich auf die volkswirtschaftliche Wachstumsrate (w_k) absinkt. Damit ergibt sich der Unternehmenswert als der Wert der diskontierten freien Cashflows in der Wachstumsphase und der nachfolgenden Periode mit konstantem wirtschaftlichem Wachstum.

$$UW = \sum_{t=0}^{T} \frac{fCF}{(1 + WACC)^t} + \frac{FCF_{T+1}}{(WACC - w_k)(1 + WACC)^{T+1}} - FK_0$$

UW   = Unternehmenswert
FCF   = Free Cashflow
FK_m = Marktwert des Fremdkapitals
WACC = durchschnittliche Kapitalkosten
W_k = langfristige volkswirtschaftliche Wachstumsrate
t   = Anfang des Betrachtungszeitraums
T   = Zeitraum (zum Beispiel zehn Jahre)

Der so errechnete Unternehmenswert ist die Basis der Bewertung von Strategiealternativen. Der große Vorteil dieses Modells liegt darin, dass es das Wachstum erfassen kann und sich am Free-Cashflow orientiert. Allerdings sind mit der Anwendung ein enormer Aufwand und eine Vielzahl von Annahmen verbunden.

Allen Modellen gemeinsam ist die Tatsache, dass die Berechnung des Unternehmenswerts – trotz aller vereinfachenden Annahmen über die Entwicklung der Werttreiber – noch immer ziemlich komplex und damit schwierig zu kommunizieren ist. Deshalb tendiert man in der Praxis dazu, für die Beurteilung des Erfolgs einer Periode den Wertbeitrag zu verwenden. Anders als der Unternehmenswert nutzt er nur tatsächlich realisierte Informationen und keine prognostizierten. Damit ein Geschäftsfeld oder eine Investition einen positiven Beitrag zum Unternehmenswert erwirtschaftet, ist es danach erforderlich, dass seine Kapitalrendite größer ist als sein risikoabhängiger Kapitalkostensatz. Auch hier gibt es verschiedene Modelle.

EVA Der Wertgewinn einer Periode lässt sich zum Beispiel mit dem Economic Value Added (EVA) Modell von Stern Stewart angeben. Er errechnet sich, indem man vom Betriebsergebnis (EBIT) die Kapitalbindung (CE) zum Kapitalkostensatz (WACC) subtrahiert.

$$EVA = EBIT - (CE \times WACC)$$

EVA   = Economic Value Added
EBIT   = Betriebsergebnis
CE   = gebundenes Kapital
WACC = durchschnittliche Kapitalkosten

Kritiker bemängeln den EVA-Ansatz, da lediglich eine einperiodige Ex-post-Betrachtung des Gewinns stattfindet, also nur die Vergangenheit abgebildet wird. Eine Zukunftsprognose wird nicht angestellt. Der Zeitwert der Einnahmen ebenso wie der Restwert am Ende der Planungsperiode findenkeinerlei Berücksichtigung. Außerdem ist der EBIT leicht manipulierbar, die Kapitalstruktur des Unternehmens und die damit verbundenen Risiken werden nicht berücksichtigt. Trotz all dieser Nachteile halten wir EVA für eine sinnvolle Methode, um den Wertbeitrag einer Periode darzustellen, da er einfach zu errechnen ist und dadurch eine schnelle Orientierung ermöglicht.

CVA Eng verwandt mit EVA ist das Cash-Value-Added-Modell. Anstelle des EBIT wird hier der freie Cashflow der Periode verwendet. Der große Vorteil gegenüber dem EVA-Modell liegt darin, dass der Free Cashflow buchhalterisch schwer manipulierbar ist und über ihn die Komponente Wachstum mit einfließt, wenn auch nur mit einer konstanten Wachstumsrate. Allerdings kann gerade diese Komponente starke Zufallsschwankungen verursachen.

$$CVA = FCF - (CE \times WACC)$$

CVA   = Cash Value Added
FCF   = Free Cashflow
CE   = gebundenes Kapital
WACC = durchschnittliche Kapitalkosten

WB Das Wertbeitragsmodell (WB) kommt EVA inhaltlich sehr nahe. Dieser Ansatz verwendet zur Berechnung des Erfolgs eines Unternehmens die Differenz zwischen der Eigenkapitalrendite und den Kapitalkosten (= Spread). Diese Differenz wird mit dem eingesetzten Kapital multipliziert. Daraus ergibt sich der Wertbeitrag. Erwirtschaftet ein Geschäftsfeld einen negativen Spread, vernichtet es Wert. Es ist zwar in der Lage, die Kapitalkosten zu decken, nicht jedoch einen Mehrwert zu generieren. Damit berücksichtigt der Ansatz explizit die Opportunitätskosten einer Investition. Wertbeitrag entsteht dann, wenn die Kapitalrendite (ROCE) größer ist als die risikoabhängigen Kapitalkosten. Wie bei EVA wird auch hier nur der Erfolg während der betrachteten Periode ermittelt. Wachstumsaspekte werden nicht einbezogen.

$$WB = CE \times (ROCE - WACC)$$

WB   = Wertbeitrag
CE   = gebundenes Kapital
ROCE = Kapitalrendite
WACC = durchschnittliche Kapitalkosten

ERIC Das Wirtschaftsprüfungsunternehmen KPMG hat in Zusammenarbeit mit der Universität Frankfurt die Kennzahl ERIC (Earnings less Riskfree Interest Charge) entwickelt. Dieser Wert unterscheidet sich von EVA im Wesentlichen durch die Art und Weise, wie die Kapitalkosten berechnet beziehungsweise das Risiko berücksichtigt wird. Die Kapitalkosten, also die Kosten für Eigen- und Fremdkapital, werden bei den Kennzahlenkonzepten vom Gewinn vor Zinsen abgezogen. Bei ERIC wird der risikofreie Zinssatz (wie für Bundesschatzbriefe) angesetzt, während ansonsten allgemein risikoangepasste Zinssätze verwendet werden.

ERIC = Gewinn vor Zinsen nach Steuern − risikofreier Zins × investiertes Kapital

Sowohl WB als auch ERIC haben ihre Anhänger. ERIC gibt Auskunft darüber, inwieweit es einem Unternehmen mit dem von den Aktionären zur Verfügung gestellten Kapital gelungen ist, einen Gewinn zu erwirtschaften, der größer ist als das Ergebnis einer Anlage desselben Kapitals in festverzinslichen Wertpapieren. Bei herkömmlichen Modellen wie EVA wird der erzielte Gewinn mit dem den Risiken des Unternehmens entsprechenden Kapitalkostensatz verglichen. Hier liegt die Messlatte natürlich sehr viel höher, weshalb häufig der Fall eintritt, dass Unternehmen nach EVA Wert vernichten und nach ERIC Wert schaffen. Ob ein Unternehmen nach ERIC Wert schafft, hängt von der Höhe des eingesetzten Kapitals ab. Während der risikofreie Zins teilweise unter vier Prozent liegt, erreicht man bei einem risikoangepassten Gesamtkapitalkostenansatz bis zu zehn Prozent oder mehr.

▶ Wertbeitragsmodelle stellen einen einfachen Maßstab zur Berechnung des Wertbeitrags einer Periode dar, der allen Ebenen im Unternehmen zugänglich und damit leichter kommunizierbar als der Unternehmenswert ist. Darüber hinaus basieren diese Modelle nicht auf Prognosewerten, sondern primär auf unstrittigen Ist-Werten. Grundsätzlich sollten sie aber nicht als Alternative, sondern lediglich als Ergänzung zur Berechnung des Unternehmenswerts verwendet werden.

Tab. 4.1 Aufgaben wertorientierter Unternehmenssteuerung

Concept Value	Show Value	Create Value	Manage Value
Wertorientiert ausrichten	Wertorientiert rechnen	Wertorientiert handeln	Wertorientiert führen
Feststellung des Status quo im Strategie-Check	Unternehmens-wertrechenkonzept auswählen	Beteiligungsportfolio wertorientiert gestalten	Planungs- und Kontrollsystem anpassen
Erarbeitung der strategischen Optionen	Marktorientierte Kapitalkosten bestimmen	Bereichsziele auf Wertsteigerung ausrichten	Informationssysteme anpassen
Bewertung und Auswahl der strategischen Optionen	Werttreiberbäume aufbauen	Operative Wertsteigerungshebel erkennen und nutzen	Zielvereinbarung und Anreizmodelle definieren
Formulierung der wertorientierten Unternehmensstrategie	Aktuelle Wertbeiträge berechnen	Maßnahmenpaket für wertorientiertes Handeln festlegen	Schulungen durchführen und Konzepte anwenden

4.2.3   Bausteine eines wertorientierten Führungs- und Steuerungssystems

Wenn wir davon ausgehen, dass das strategische Oberziel jedes Unternehmens die nachhaltige Steigerung des Unternehmenswerts ist, ist umfassende Wertorientierung in jedem Bereich nötig. Das gesamte Unternehmen muss wertorientiert ausgerichtet werden. Es muss wertorientiert gerechnet, gehandelt und geführt werden. Aus dieser Vorgabe ergeben sich die Aufgaben, die in Tab. 4.1 dargestellt werden.

4.3   Cockpitaufbau in fünf Schritten

Bevor Sie mit der konkreten Arbeit an Ihrem Unternehmenscockpit beginnen, sollten Sie sich vergegenwärtigen, was zu tun ist. Der zentrale Punkt sind Ihre Vision und Strategie. Sie bilden den Mittelpunkt des Cockpits. Die vier Perspektiven Markt/Kunden, Prozesse, Mitarbeiter/Führung und Finanzen/Risiko sind die strukturierenden Elemente des Cockpits. Ihnen werden jeweils Schlüsselelemente zugeordnet, aus denen die Kennzahlen entstehen. Im Verlauf des Aufbauprozesses muss die Strategie kommuniziert, auf Ziele heruntergebrochen und mit Anreizsystemen verknüpft werden. Strategische Initiativen müssen abgestimmt und budgetiert, Meilensteine gesetzt werden. Ein Feedback muss stattfinden und gegebenenfalls die Strategie angepasst und weiterentwickelt werden.

Der Aufbau eines Unternehmenscockpits ist eine Aufgabe, an der Sie beständig arbeiten müssen, wenn sie Ihnen Nutzen bringen soll. Deshalb hat es auch keinen Sinn, so lange am Cockpit zu werkeln bis es perfekt ist. Im Gegenteil: Sie müssen starten, damit arbeiten und sukzessive Schwachstellen und falsche Annahmen ausmerzen. Nachbearbeitung ist der Normalfall. Die Welt verändert sich, Ihre Strategie muss sich anpassen. Vielleicht entdecken Sie, dass eine Kennzahl, die Ihnen wichtig erschien, nicht konstant erhoben werden kann. Vielleicht ist der von Ihnen angesetzte Soll-Wert nicht realistisch. Vielleicht fehlt eine Kennzahl oder ist nicht relevant. Vielleicht besteht kein kausaler Zusammenhang. In all diesen Fällen müssen Sie Ihr Cockpit entsprechend nachbearbeiten.

Zum Aufbau eines Cockpits sind fünf Schritte nötig:

1. Die Identifikation der richtigen Schlüsselelemente,
2. der Aufbau eines Kausalnetzes,
3. die Entwicklung der vier Perspektiven,
4. die Festlegung der entscheidenden Kennzahlen und
5. die Zuordnung der Verantwortlichkeiten.

4.3.1 Schritt 1: Die Identifikation der richtigen Schlüsselelemente

Wenn Sie mit dem Aufbau des Cockpits beginnen, haben Sie bereits ein vollständiges strategisches Konzept erarbeitet. Jetzt müssen sie es „nur" noch im Tagesgeschäft zum Leben erwecken. Das bedeutet, Sie müssen dafür sorgen, dass bei Ihren Führungskräften die zentralen Aussagen der verfolgten Strategie präsent sind. Nur dadurch stellen Sie sicher, dass die verantwortlichen Mitarbeiter auch im Tagesgeschäft strategiekonform entscheiden. Durch die hohe Belastung im operativen Tagesgeschäft haben jedoch die wenigsten Führungskräfte Zeit, sich im laufenden Geschäftsbetrieb, also außerhalb der Strategie-Meetings, intensiv mit der verabschiedeten Unternehmensstrategie auseinanderzusetzen.

Für das Cockpit sollten Sie deshalb die wichtigsten Aussagen der verabschiedeten Unternehmensstrategie auf die wesentlichen Sachverhalte verdichten. Sie müssen die Schlüsselelemente aus Ihrer Unternehmensstrategie filtern, denn sie bilden die Basis des Unternehmenscockpits und sind die Erfolgsfaktoren des Unternehmens.

▶ Die Schlüsselelemente sind die qualitativen strategischen Ober- und Unterziele des Unternehmens.

Das Oberziel ist dabei für alle Unternehmen die nachhaltige Steigerung des Unternehmenswerts, der sich in den Schlüsselelementen Rendite, Wachstum und Risiko widerspiegelt. Diese Quintessenz der Strategie ist für Ihre Führungskräfte schnell erfassbar und im Tagesgeschäft umsetzbar. Da die Mitarbeiter bei der Strategieentwicklung und der Auswahl der Schlüsselelemente beteiligt sind, wissen sie, welche Aspekte sich hinter den einzelnen strategischen Ober- und Unterzielen verbergen.

So finden Sie die Schlüsselelemente für Ihr Cockpit:

- Gehen Sie zusammen mit Ihrem Führungsteam Ihr ausformuliertes strategisches Konzept durch.

- Identifizieren Sie auf jeder Seite Ihres Strategiepapiers die wichtigsten Aussagen.
- Fassen Sie diese Aussagen in Schlagworte oder Ziele.

Schon in dieser frühen Phase des Cockpitaufbaus ist es von großer Bedeutung, sich zu beschränken. Das Cockpit soll kein Meer an nutzlosen Daten enthalten, sondern die entscheidenden Daten, die Daten, die den Unterschied ausmachen. Verleihen Sie also nur den echten „Must-win-Battles" den Ritterschlag zum Schlüsselelement. Unsere Erfahrung zeigt, dass Unternehmen häufig weit mehr als die angestrebten 20 bis 25 Schlüsselelemente identifizieren. Wir empfehlen Ihnen, die Liste Ihrer Schlüsselelemente noch einmal oder sogar mehrmals durchzugehen und sie hinsichtlich Wichtigkeit und Kongruenz zu bewerten. Streichen Sie anschließend die Dubletten und die relativ unwichtigen Elemente. Stellen Sie sich einen zweiseitigen Text vor, den Sie auf eine Seite eindampfen müssen. Alles, was keine neue oder wertvolle Information birgt, alle Füllwörter und Phrasen fliegen raus. Am Schluss haben Sie einen einseitigen Text, der voll mit Informationen ist, in dem Sie kein Wort mehr streichen können, weil jedes Wort wichtig ist. Genauso sollten Ihre Schlüsselelemente sein: so wichtig, dass Sie nicht auf sie verzichten können.

Folgende Fragen sollten Sie sich bei der Identifikation der Schlüsselelemente stellen:

- Wie wollen wir uns dem Kunden präsentieren?
- Bei welchen Prozessen müssen wir hervorragende Leistungen erbringen?
- Wie können wir als Arbeitgeber die richtigen Mitarbeiter gewinnen, weiterentwickeln und langfristig an das Unternehmen binden?
- Wie können wir für Kapitalgeber attraktiv sein?

Zwischen-Check Cockpitaufbau:

- Haben Sie die wesentlichen Aussagen Ihrer Strategie identifiziert?
- Konnten Sie diese Aussagen zu Schlüsselelementen verdichten?
- Verbinden alle Beteiligten die gleiche Aussage mit dem jeweiligen Schlüsselelement?
- Haben Sie die Schlüsselelemente den jeweiligen Perspektiven zugeordnet?
- Konnten Sie die Schlüsselelemente priorisieren und verdichten?
- Erklären die ausgewählten Schlüsselelemente Ihre Strategie?

4.3.2   Schritt 2: Der Aufbau eines Kausalnetzes

Als Unternehmer werden Sie täglich mit einer Vielzahl von Entscheidungen konfrontiert. Eine typische Entscheidungsfrage ist, ob man dem Druck der Kunden nachgeben, die

Preise senken und dadurch den Umsatz sichern soll oder die Preise stabil halten, auf ein gewisses Volumen verzichten und dadurch die Rendite in den Vordergrund stellen soll. Die Antwort darauf ist einfacher, als Sie vielleicht glauben, und Sie kennen sie: Ein Unternehmen kann nicht nur nach Umsatz oder nur nach Rendite gesteuert werden. Denn diese Kennzahlen stehen in einem Zusammenhang, beeinflussen sich gegenseitig und werden von vielen anderen Variablen beeinflusst. Deshalb muss die Steuerung eines Unternehmens mehrdimensional erfolgen und sich anschließend in der Entwicklung des Unternehmenswerts, der den Erfolg des Unternehmens ausdrückt, widerspiegeln. Aus diesem Grund müssen die für den Erfolg des Unternehmens wichtigsten Ursache-Wirkungs-Beziehungen transparent dargestellt werden. Es wird ein Kausalnetz aufgebaut.

So wie Bildung die Fähigkeit ist, die verborgenen Zusammenhänge zwischen den Phänomenen zu erkennen, so ist eine systemische Unternehmenssteuerung nichts anderes als die Fähigkeit, frühzeitig die Ursachen für die Entwicklung eines Unternehmens zu erkennen und rechtzeitig die richtigen Maßnahmen einzuleiten. Die Erfahrung zeigt: Jedes große Problem war einmal klein. Ein Kausalnetz, das die Zusammenhänge zwischen den einzelnen Schlüsselelementen zeigt, ist der Garant dafür, dass Sie nicht an der Oberfläche von Problemen kleben, sondern an die Wurzeln gehen.

▶ Suchen Sie nach den Ursachen der Wirkungen. Man kann ein Problem niemals auf der Ebene lösen, auf der es auftritt.

Die Wachstumsrate zeigt Ihnen, ob die Wachstumsziele des Unternehmens erreicht wurden. Aber erst wenn Sie die Kausalkette bis zur Mitarbeiterperspektive verfolgen, erkennen Sie, wo die Ursachen dieses Erfolgs oder Misserfolgs liegen. Wenn Ihre Umsätze zurückgehen, liegt das möglicherweise daran, dass die Produktqualität nicht exzellent ist. Jetzt können Sie natürlich eine Qualitätsoffensive starten. Die läuft aber ins Leere, wenn Ihre Mitarbeiter nicht mitziehen. Letztlich ist das Problem vielleicht dadurch entstanden, dass viele Ihrer Mitarbeiter unzufrieden sind und innerlich gekündigt haben. Das bedeutet, dass Sie zunächst einmal das Problem auf der Mitarbeiterebene lösen müssen. Wenn Sie in Ihrem Cockpit die Mitarbeiterzufriedenheit als Schlüsselelement aufgenommen haben, erkennen Sie die Wurzel des Problems frühzeitig und wissen, wo Sie ansetzen müssen.

Beispiel: Bäckerei

Eine Bäckerei hat 20 Filialen. Alle Filialen laufen gut, nur bei zwei Filialen ist die Kundenfrequenz sehr niedrig. Sie liegen in bester Lage zwischen Innenstadt und Büroviertel. Natürlich könnte die Bäckerei dort mehr Werbung machen, aber ob das hilft, steht in den Sternen. Für alle Filialen wurde aber ein Cockpit eingerichtet. Als man diesen Auffälligkeiten nachgeht, entdeckt man, dass in diesen Filialen das beste Geschäft mittags ist, wenn die Leute aus den Büros Pause haben und etwas zu essen kaufen. Da aber allen Filialen dieselben Waren geliefert werden, fehlt es in diesen beiden Filialen an Snacks, belegten Brötchen etc., während Brot und süße Backwaren viel weniger nachgefragt werden. Das Problem lässt sich ziemlich einfach lösen, indem man die Warenlieferungen aus der Zentrale individualisiert. Gleichzeitig muss aber dem Problem auf Mitarbeiterebene nachgegangen werden, denn die Mitarbeiter hätten die Zentrale auf diese Besonderheit schon längst aufmerksam machen müssen. Hätte sich bei der Kundenfrequenz nicht gezeigt, dass etwas nicht stimmt, hätten die beiden Filialen schon bald rote Zahlen geschrieben.

An der Spitze des Kausalnetzes steht das Oberziel des Unternehmens: die Steigerung des Unternehmenswerts mit den drei Werttreibern Rendite, Wachstum und Risiko. Auch die Bereiche Markt/Kunden, Prozesse und Mitarbeiter/Führung werden in ihre Schlüsselelemente aufgebrochen und hinsichtlich ihrer Wirkung den primären Werttreibern zugeordnet. Da nicht alle Schlüsselelemente direkt auf die Werttreiber wirken, sondern zum Teil indirekt über andere Schlüsselelemente, entsteht ein mehrdimensionales Kausalnetz. Das Gesamtbild spiegelt das Zusammenspiel Ihrer in der Strategie festgelegten Erfolgsfaktoren – der Schlüsselelemente – in Ursache-Wirkungs-Ketten wider. Auf diese Weise haben Sie alle zentralen Erfolgsfaktoren Ihres Unternehmens auf einen Blick und in einem Bild zur Verfügung. Pfeile zwischen den einzelnen Schlüsselelementen zeigen die kausalen Ursache-Wirkungs-Beziehungen auf. Erst durch sie wird das Cockpit zu einem Gesamtbild zusammengefügt.

► Kein Schlüsselelement kann für sich alleine stehen. Jedes dient entweder dazu, Ursachen zu finden, oder dazu, Wirkungen anzuzeigen.

Beim Aufbau Ihres ersten Unternehmenscockpits haben Sie noch keine Sicherheit hinsichtlich der Ursache-Wirkungs-Beziehungen zwischen den Schlüsselelementen. Sie müssen zwangsläufig Annahmen über diese Zusammenhänge treffen. Es geht in diesem Schritt noch nicht darum, die Stärke der Ursache-Wirkungs-Zusammenhänge quantitativ abzubilden. Sie sollen sich nur ein Bild davon machen, wie die identifizierten Erfolgsfaktoren zusammenspielen, sich gegenseitig beeinflussen und letztlich in ihrer Gesamtheit den Unternehmenserfolg beziehungsweise den Unternehmenswert erklären.

Wenn Sie Ihr Kausalnetz visuell vor sich liegen haben, verfügen Sie über ein verlässliches Frühwarnsystem. Sie können damit Veränderungen, Tendenzen und Entwicklungen sehen, bevor sie sich in den Finanzkennzahlen abzeichnen. Ihre Finanzkennzahlen bilden lediglich die Wirkung Ihrer Tätigkeit in der Vergangenheit ab. Sollte das entstandene Bild den Unternehmenserfolg in maßgeblichen Teilen nicht erklären können, gibt es dafür in der Regel drei Ursachen:

1. Sie haben eine lückenhafte oder nicht stimmige Strategie verabschiedet. In diesem Fall müssen Sie sich Ihr strategisches Konzept noch einmal vornehmen und es überarbeiten. Oft liegt es am Feintuning.
2. Sie haben die falschen Schlüsselelemente identifiziert. Um die richtigen Schlüsselelemente zu finden, müssen Sie Ihr strategisches Konzept noch einmal sorgfältig ana-

Tab. 4.2 Unternehmerische Schlüsselelemente

Markt/Kunde	Prozesse	Mitarbeiter/Führung	Finanzen/Risiko
Kundenbindung	Produktivität	Mitarbeiterquali-fikation	Umsatz (=Wachstum)
Neukunden	Prozessqualität	–	Rendite
Wiederkaufsrate	–	–	Risiko
Aktive Referenz	–	–	Leistungserstellungs-risiko
Kundenzufriedenheit	–	–	–
Produkt- und Dienstleistungsqualität	–	–	–
Wertschöpfung pro Kunde	–	–	–

lysieren. Möglicherweise haben Sie nicht die wichtigsten Aussagen Ihrer Strategie identifiziert oder sie nicht ausreichend verdichtet.

3. Die Ursache-Wirkungs-Beziehungen stimmen nicht. Das macht eine Überarbeitung des Kausalnetzes nötig. Das kann vorkommen, denn Sie können in diesem Stadium nur Annahmen über die Zusammenhänge treffen. Hinterfragen Sie die Zusammenhänge genauer, dann finden Sie die richtigen Verbindungen.

Beispiel eines Kausalnetzes In unserem Beispiel handelt es sich um ein produzierendes Familienunternehmen. Aus der Strategie des Unternehmens wurden die Schlüsselelemente identifiziert und den vier Perspektiven zugeordnet. Zur Vereinfachung haben wir uns in diesem Beispiel auf 15 Schlüsselelemente beschränkt (s. Tab. 4.2).

Aus diesen Schlüsselelementen wurde das in Abb. 4.5 dargestellte Kausalnetz aufgebaut.

Abbildung 4.5 können Sie entnehmen, dass das Qualifikationsniveau der Mitarbeiter über die Produkt- und Dienstleistungsqualität direkte Auswirkungen auf die Markt/Kundenseite und über die Prozessqualität auf die Perspektive Prozesse hat. Die Qualität der angebotenen Produkte und Dienstleistungen wirkt sich auf die Kundenzufriedenheit aus. Wie wir alle wissen, kommen zufriedene Kunden wieder (Wiederkaufsrate) und empfehlen das Unternehmen weiter (aktive Referenz). Die Wiederkaufsrate fließt in die Kundenbindung ein, die aktive Referenz sorgt für einen Anstieg der Neukunden. Neukunden und Bestandskunden (Kundenbindung) generieren den Umsatz im Unternehmen. Somit wirken die beiden Größen direkt auf den Parameter Umsatz und auf das Wachstum.

Die Mitarbeiterqualifikation fließt maßgeblich in die Prozessqualität mit ein. Ein Anstieg der Prozessqualität hat zum einen eine Verbesserung der Produktivität des Unternehmens zur Folge und zum anderen wird das Leistungserstellungsrisiko gesenkt. Die Veränderung der Produktivität wirkt sich direkt auf die Rendite aus. Eine Veränderung des Leistungserstellungsrisikos wirkt unmittelbar auf den Werttreiber Risiko.

Das Unternehmen kann durch das Sinken der Kundenzufriedenheit frühzeitig mit einer Reduktion des Umsatzes rechnen, lange bevor sich dies in den Finanzkennzahlen der betriebswirtschaftlichen Auswertung (BWA) zeigt. Die Unternehmensführung wird

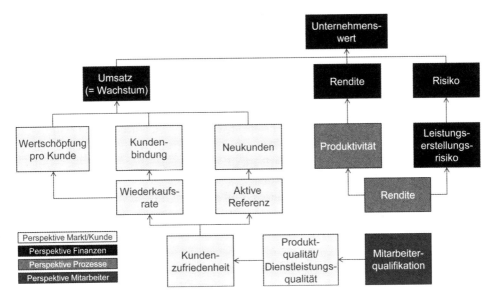

Abb. 4.5 Das Kausalnetz

dadurch in die Lage versetzt, Maßnahmen zu ergreifen und der negativen Entwicklung entgegenzuwirken.

Es ist auch leicht vorstellbar, wie es sich auswirkt, wenn unser Beispielunternehmen über einen längeren Zeitraum keine Maßnahmen zur Qualifizierung der Mitarbeiter ergreift. Wahrscheinlich wird es in den ersten zwei Jahren unter sonst gleichen Bedingungen das Ergebnis verbessern können, weil der Aufwand für die Qualifizierungsmaßnahmen entfällt. Langfristig wird jedoch durch eine Abnahme der Produktivität und durch Qualitätseinbußen Unternehmenswert vernichtet.

Zwischen-Check Cockpitaufbau:

- Haben Sie mit allen identifizierten Schlüsselelementen das kausale Netz aufgebaut?
- Sind die Ursache-Wirkungs-Beziehungen vollständig dargestellt?
- Wurden die Schlüsselelemente den richtigen Werttreibern (Rendite, Wachstum, Risiko) zugeordnet?
- Welche Variablen sind Ihre kritischen Erfolgsfaktoren?
- Erklären die Faktoren den Unternehmenserfolg (bzw. -wert)?
- Fehlen wichtige Schlüsselelemente zur Erklärung des Erfolgs?
- Welche Faktoren sind Ihre „Frühwarnindikatoren"?

4.3.3   Schritt 3: Die Entwicklung der vier Perspektiven

Die im ersten Schritt identifizierten Schlüsselelemente müssen systematisch den vier Perspektiven Markt/Kunden, Prozesse, Mitarbeiter/Führung und Finanzen zugeordnet werden. Eine natürliche Abgrenzung zwischen den Dimensionen Prozesse und Markt/Kunden ist die Unterscheidung in Kosten und Umsatz. Faktoren, die maßgeblich den Umsatz beeinflussen, werden der Markt/Kunden-Perspektive zugeordnet. Solche, die in erster Linie Kosten darstellen beziehungsweise erklären, werden der Prozessperspektive zugeschlagen. Reklamationskosten finden sich demnach auf der Prozessseite wieder, die Kundenzufriedenheit gehört zur Perspektive Markt/Kunde.

Um Ihnen die Zuordnung zu erleichtern, finden Sie folgend eine beispielhafte Zuordnung von Themenbereichen zu den einzelnen Perspektiven. Das bedeutet nicht, dass alle aufgeführten Möglichkeiten für Ihr Unternehmen relevant sein müssen.

Mögliche Schlüsselelemente für die Perspektive Markt/Kunde:

- Vermarktete Innovationen,
- Internationalisierung,
- Produktportfolio,
- Marktanteile,
- Marke,
- Neukundengewinnung,
- Kundenbindung,
- Kundenzufriedenheit,
- Serviceleistungen,
- Branchenquote,
- Referenzen.

Mögliche Schlüsselelemente für die Perspektive Prozesse:

- Qualität,
- standardisierte Baugruppen,
- Prozesseffizienz,
- Fertigungstiefe,
- Innovationsprozess,
- Entwicklungszeit,
- Produktivität,
- Flexibilität,
- Zukauf,
- Durchlaufzeit,
- Stillstandzeit,
- Auslastung,

- Ausschuss,
- Termintreue,
- Reklamationsquote.

Mögliche Schlüsselelemente für die Perspektive Mitarbeiter/Führung:

- Motivation,
- Betriebsklima,
- Fluktuation,
- Wissensmanagement,
- Stellvertreterregelung,
- Verbesserungsvorschläge,
- Zielvereinbarungen,
- Unternehmenskultur,
- Kooperation,
- ungeplante Eigenfluktuation,
- Führungsqualität,
- Job-Rotation,
- variabler Vergütungsanteil,
- emotionale Bindung der Mitarbeiter,
- interdisziplinäres Zusammenarbeiten,
- Prämiensystem.

Mögliche Schlüsselelemente für die Perspektive Finanzen:

- Unternehmenswert,
- Wachstum,
- Risiko,
- Rendite,
- Liquidität,
- Umsatz,
- Verschuldungsgrad,
- Forderungsbestand,
- Eigenfinanzierungskraft,
- Eigenkapitalausstattung,
- Kostenstruktur,
- Rating.

▶ 20 bis 25 Schlüsselelemente über alle vier Perspektiven sind nach unserer Erfahrung ausreichend.

Aus der Betrachtung der vier Perspektiven ergibt sich die Möglichkeit, den Stand der Zielerreichung, das heißt den Stand der Umsetzung der Strategie, regelmäßig zu überprüfen und erforderliche Korrekturmaßnahmen einzuleiten. Es ist möglich, eine weitere Perspektive hinzuzufügen. Einer unserer Kunden aus der chemischen Industrie definierte beispielsweise die „Gesellschaftsperspektive" als fünftes Element. Ziel ist es, Auflagen und Erwartungen von Behörden oder der Gesellschaft bezüglich Umweltbedingungen und Lebensqualität im Auge zu behalten und mit den Unternehmenszielen in Einklang zu bringen.

▶ Zusätzliche Perspektiven machen das System komplexer. Achten Sie darauf, dass das Cockpit für Sie handhabbar bleibt.

4.3.4   Schritt 4: Die Festlegung der entscheidenden Kennzahlen

Durch den Aufbau der einzelnen Perspektiven haben Sie die Schlüsselelemente so zugeordnet, dass jedes von ihnen eindeutig durch eine oder mehrere Leistungskennzahlen definiert werden kann und somit messbar wird. Erinnern Sie sich: Was man nicht messen kann, kann man nicht managen.

▶ Alles für den Erfolg Wichtige, was in Ihrem Unternehmen geschieht, muss im Cockpit in einen messbaren Zusammenhang zum Unternehmenswert gebracht werden können.

Intelligent ausgewählte Leistungskennzahlen zeichnen sich dabei durch fünf Merkmale aus:

1. Sie lassen sich eindeutigen Zielen zuordnen.
2. Sie signalisieren allein durch ihren Namen ihre genaue Bedeutung.
3. Sie erklären das Schlüsselelement unmissverständlich.
4. Sie sind Teile einer ganzheitlichen Sichtweise auf Ihr Unternehmen.
5. Sie lassen sich zu vertretbaren Kosten erzeugen.

Im Folgenden gehen wir im Detail auf die gängigsten Kennzahlen in den vier Perspektiven ein. Wenn Sie Ihre eigenen Kennzahlen aus den Schlüsselelementen entwickeln, achten Sie darauf, dass ihre Anzahl nicht zu groß wird. Fünf bis zehn Zahlen pro Perspektive sollten ausreichen. Nur wenn sich ein plausibler, messbarer Zusammenhang zum Unternehmenswert herstellen lässt, ist die Kennzahl sinnvoll und gehört ins Cockpit.

Kennzahlen in der Perspektive Markt/Kunde Das Oberziel dieser Perspektive besteht darin, den richtigen Kunden zu finden und langfristig zu binden. Damit ist es Ihre Aufgabe, solche Faktoren greifbar zu machen und abzubilden, die den Absatzerfolg beziehungsweise den Umsatz des Unternehmens auf der Marktseite erklären und begründen. Sie müssen sich also fragen, welche Kunden für das Unternehmen wertvoll sind und ob Sie über Kundenbindungsmaßnahmen eine Steigerung des Unternehmenswerts erreichen.

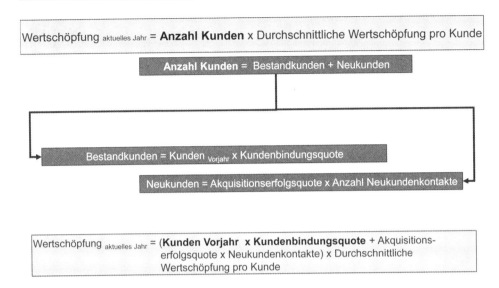

Abb. 4.6 Ableitung der Wertschöpfung

Die geläufigste Form, den Umsatz darzustellen, ist die Formel „Menge×Preis". Wir wollen Ihnen hier jedoch eine andere Darstellung des Umsatzes anbieten, denn jeder Umsatz wird letztlich vom Kunden getätigt. Es ist also sinnvoll, den Umsatz pro Kunde durch die Wertschöpfung pro Kunde abzubilden. Sind Sie zum Beispiel in einer Branche tätig, in der der Umsatz stark durch Veränderungen des Preisgefüges der Rohmaterialien schwankt, bereinigen Sie dadurch die Umsatzschwankungen, die aufgrund von Schwankungen des Materialpreises zustande kommen. Das ist sinnvoll, denn sie beschreiben nicht den Werttreiber „Wachstum" im Sinne der Wertorientierung. Die Wertschöpfung Ihres Unternehmens berechnet sich demnach aus der Anzahl der Kunden, also aus der Summe der Bestands- und Neukunden, multipliziert mit der durchschnittlichen Wertschöpfung pro Kunde.

Die Schlüsselelemente in der Perspektive Markt/Kunde sind somit:

Bestandskundenbindung – Neukundengewinnung – Wertschöpfung pro Kunde Diese drei Determinanten beschreiben die Perspektive Markt/Kunde und erklären den Umsatz. Alle anderen Größen dieser Perspektive wie Kundenzufriedenheit, Reklamationsquote, Referenzen, Werbeerfolgsquote usw. sind Subgrößen, die sich letztlich in der Kundenbindung, in der Anzahl der Neukunden und/oder in der Wertschöpfung pro Kunde auswirken. Es kommt darauf an, dass die Faktoren, die den Erfolg des Unternehmens auf der Marktseite erklären und begründen, abgebildet werden (Abb. 4.6).

Die richtigen Kennzahlen in der Perspektive Markt/Kunde erlauben es Ihnen, ein wertorientiertes Kundenportfolio aufzubauen und an den richtigen Schrauben zu drehen. Wenn Sie zum Beispiel Ihren Marktanteil steigern möchten, können Sie dafür die Kundenzufriedenheit erhöhen, das wirkt sich auf die Kundenakquisition aus (zum Beispiel durch

Relative Wettbewerbsposition (Kauf- bzw. Zufriedenheitskriterien) bei den Abnehmern		
Gering → Interessenten	**Mittel** → Sowohl-als-auch-Kunden	**Hoch** → Stammkunden
Offensivkunde → aggressiv bearbeiten, zeitlich begrenzt investieren	**Potenzialkunde** → gezielt bearbeiten und Kundenbindung intensivieren	**Topkunde** → auf höchstem Niveau betreuen
Aktivierungskunde → gezielt betreuen und investieren	**Standardkunde** → bewusst und kontinuierlich bedienen	**Vorzugskunde** → bevorzugt auf hohem Niveau betreuen
Passivkunde → keine eigenen Aktivitäten	**Gelegenheitskunde** → kostenminimiert bearbeiten	**Abschöpfungskunde** →kostenkontrollierte Betreuung

Attraktivität (Kundenwert) der Kunden:
Hoch → Interessenten
Mittel → Mitläufer
Gering → Verlierer

Abb. 4.7 Wertorientiertes Kundenportfolio

mehr Empfehlungen) und auf die Kundentreue. Alle drei Faktoren haben Auswirkungen auf die Kundenrentabilität. Eine verbesserte Kundenakquisition und eine erhöhte Kundentreue erhöhen den Marktanteil.

Exkurs: Wertorientiertes Kundenportfolio
Kunden unterscheiden sich durch die Höhe des Umsatzes, die Häufigkeit des Kontaktes, durch ihre Treue, aber auch durch ihre Attraktivität für das liefernde Unternehmen. Es lohnt sich, Kunden in einer Matrix abzubilden, die Ihnen zeigt, um welche Kunden Sie sich intensiv kümmern sollten, weil sie entscheidend zur Wertschöpfung beitragen und Zukunftspotenzial haben. Und es gibt Kunden, die nur gelegentlich bei Ihnen kaufen, nicht sehr viel ausgeben und auch für die Zukunft keine großen Wachstums- und Erfolgsaussichten haben. Ein Topkunde, also ein Stammkunde mit hohem Entwicklungspotenzial, wird natürlich auf höchstem Niveau betreut. Bei einem Gelegenheitskunden, der außerdem nur geringes Wachstumspotenzial aufweist, ist es sinnvoll, kostenminimiert zu arbeiten (s. Abb. 4.7).

Natürlich müssen alle Kennzahlen definiert werden. Die Kundenbindungsquote zum Beispiel gibt an, wie viele Kunden aus dem Vorjahr im aktuellen Jahr noch als Kunden erhalten geblieben sind. Sie ist also die Anzahl der Kunden im aktuellen Jahr aus dem Vorjahr, dividiert durch die Anzahl der Kunden im Vorjahr. Die Neukundengewinnung ist schlicht die Anzahl der neu gewonnenen Kunden. Allerdings sollten Sie festlegen, wie ein Neukunde definiert wird, zum Beispiel als Kunde, der in den letzten zwölf Monaten keinen Umsatz getätigt hat und jetzt wieder einkauft. Die Zahlen werden Ihnen erlauben, zum Beispiel Kunden zu identifizieren, die außergewöhnlich viel zur Wertschöpfung beitragen, oder auch solche, die Potenzial haben und eine erhöhte Aufmerksamkeit verdienen.

Kennzahlen in der Perspektive Prozesse Wir betrachten auf der Prozessseite immer zwei Dimensionen:

1. Welche Wettbewerbsvorteile hat Ihr Unternehmen beziehungsweise welche will es auf-/ausbauen?
2. Was tut es auf der Prozessseite, um sich diese Wettbewerbsvorteile zu verschaffen?

Ein Unternehmen muss Wettbewerbsvorteile aufbauen, um langfristig erfolgreich am Markt agieren zu können. Deshalb lautet auch in dieser Perspektive die zentrale Frage, wie Sie auf der Prozessseite bei der gesamten Leistungserstellung Wettbewerbsvorteile generieren können. Ihr Unternehmen hat dabei vier Möglichkeiten, durch optimierte Prozesse Wettbewerbsvorteile aufzubauen:

1. Kosten/Produktivität Durch die Kostenfokussierung der internen Prozesse sparen Sie Ihrem Kunden Geld, indem Sie Ihren Kostenvorteil zumindest zum Teil über den Preis an den Kunden weitergeben. Als Kostenführer müssen Sie Ihre Prozesse und Ihre Organisationsstruktur extrem schlank aufstellen. Während ein Unternehmen bei der Ausrichtung der Prozesse auf den Faktor Zeit möglicherweise in der Nähe seiner Kunden produzieren muss, kann es für ein anderes Unternehmen aus derselben Branche strategisch sinnvoll sein, in vom Kunden weit entfernten Billiglohnländern zu fertigen. Sie müssen Kennzahlen definieren, anhand derer Sie Ihre potenziellen Kosten frühzeitig identifizieren können wie Maschinenauslastung, Ausschussquote, Durchlaufzeit etc. Die Kennzahl Prozesskosten zum Beispiel errechnen Sie durch die gesamten Produktionskosten dividiert durch die Anzahl produzierter Teile. Sie müssen bei dieser Orientierung Ihre Prozesse so optimieren, dass sie maximal effizient und wirtschaftlich sind.

$$\text{Prozesskosten} = \frac{\text{Produktionskosten gesamt}}{\text{Anzahl produzierter Teile}}$$

▶ Kostenführer stellen ihre Prozesse extrem effizient auf.

2. Zeit Mit der Ausrichtung Ihrer internen Prozesse auf den Schwerpunkt Zeit schaffen Sie es, schnell auf Kundenwünsche zu reagieren. Mit dem Wettbewerbsvorteil Flexibilität treten Sie am Markt als kurzfristiger Problemlöser auf. Ansatzpunkte hierfür sind zum Beispiel intelligente Arbeitszeitmodelle, eine elastische Produktion oder „generalistische" Mitarbeiter und Maschinen. Kennzahlen in diesem Bereich sind unter anderem Maschinenauslastung, Ausschussquote oder Prozesskostenquoten. Sie können die Kennzahl Zeit definieren als die Zeit vom Auftragseingang bis zum Versand der Ware.

▶ Zeit ist Geld.

3. Qualität In der Ausrichtung Ihrer Prozesse auf den Fokus Qualität spiegeln sich Wettbewerbsvorteile wie Zuverlässigkeit oder Qualitätsführerschaft. Nach unserem Verständnis ist der Qualitätsmaßstab allein der Kunde, denn Qualität bedeutet die Erfüllung von Kundenerwartungen. Das Maß für Qualität ist die Kundenbindungsquote. Als Qualitätsführer verfügen Sie durch Ihre Prozesse über wirkliche Vorteile auf der Produktseite, zum Beispiel über die Steuerung des Innovationsprozesses. Kennzahlen, die maßgeblich die Prozessqualität beschreiben, sind beispielsweise die Zahl der externen Reklamationen, die Zahl beziehungsweise der Umsatz der Produktinnovationen oder die Qualitätsbewertung durch Ihre Kunden. Die Kennzahl Qualitätsindex lässt sich also darstellen als die Anzahl der durch den Kunden monierten Teile: Summe der Fehler dividiert durch die Gesamtanzahl der Teile.

▶ Qualität ist erfüllt, wenn der Kunde zurückkommt, und nicht das Produkt.

4. Individualität Trotz einer hohen internen Standardisierung auf der Prozessseite schaffen Sie es, dem Kunden ein Gefühl der Individualität zu vermitteln. Das bedeutet, Sie können individuelle Kundenwünsche in einem hoch standardisierten Fertigungsprozess erfüllen. Voraussetzung dafür ist in der Regel ein standardisierter Grundkern der Leistung, der die Individualität durch Anpassungen an der Oberfläche erreicht. Kennzahlen in diesem Bereich sind zum Beispiel der Standardisierungsgrad eines Produkts oder die Anzahl der individuellen Lösungen mit geringen Anpassungskosten. Das ist zum Beispiel eine Vorgehensweise, die bei Autos, Motorrädern oder Möbeln üblich ist. Der Kunde kann Leistung, Ausstattung, Farben, manchmal auch Materialien selbst bestimmen. Der Sondermaschinenbau lebt von der Individualität. Keine Maschine gleicht der anderen, sondern wird an die individuellen Anforderungen des Kunden angepasst. Den Standard dafür bieten meistens einzelne Module.

▶ Intern standardisieren, extern individualisieren.

Es versteht sich von selbst, dass Sie auf allen Feldern die nötigen Mindeststandards erfüllen sollten. So sind kostengünstige Prozesse nur so lange zielführend, bis das damit erzielte Qualitätsniveau aus Kundensicht akzeptabel ist. Andererseits erzeugen die qualitativ besten Prozesse keinen positiven Beitrag zum Unternehmenswert, wenn Sie es nicht schaffen, Ihre Produkte oder Leistungen zur vereinbarten Zeit an den Kunden zu liefern. Das bedeutet, dass Sie Ihre Prozesse in allen vier Dimensionen – Zeit, Kosten, Qualität, Individualität – richtig steuern, aber gleichzeitig einen Schwerpunkt bei der Ausrichtung Ihrer Prozesse legen müssen. Die vier Dimensionen stellen konkurrierende Ziele dar. Sie müssen sich bewusst für einen Schwerpunkt entscheiden. Denn auch hier gilt: „Alles für alle" führt in die Austauschbarkeit und damit zum Werteverzehr.

Beispiel: Lohnbeschichter

Nehmen wir an, unser Unternehmen ist ein Lohnbeschichter. Das heißt, ihm werden die Teile, die es zu beschichten gilt, angeliefert – meistens sehr kurzfristig –, er bearbei-

Ermittlung der Kosten- und Qualitätstreiber

Mitarbeiter	12	9	44	5
Kosten	1,5 Mio.	0,8 Mio.	3,8 Mio.	0,5 Mio.
Kapitalbindung	0,3 Mio.	4,5 Mio.	2,2 Mio.	0,2 Mio.

Verkauf ▸ Material ▸ Fertigung ▸ Service ▸

Kaufkriterien	Priorität	Einfluss	Einfluss	Einfluss	Einfluss
Beratung	3	++			+
Liefertreue	2		++	+	
Produktqualität	2			++	
Preis	4	+	+	+++	+

Abb. 4.8 Die strategische Prozessanalyse

tet sie und bringt sie wieder zum Kunden. Zeit, Kosten und Qualität spielen hier eine ähnlich wichtige Rolle. Werden die Aufträge nicht schnellstens erledigt, ist der Kunde unzufrieden. Aber es liegt natürlich auch im Interesse des Unternehmens, die internen Prozesse so zu gestalten, dass ein möglichst schneller Durchlauf stattfindet. Die Gewinnmargen bei diesem Geschäft sind sehr gering, höhere Preise nicht ohne Weiteres durchzusetzen. Umso wichtiger ist es, Zeit zu sparen, aber trotzdem eine hohe Qualität zu erreichen. Die Zeit hat den entscheidenden Einfluss auf die Wertschöpfung.

Neben den Kennzahlen, die auf der Prozessseite Ihre Wettbewerbsvorteile wiedergeben, sind auch die Kennzahlen im Cockpit darzustellen, die die maßgeblichen Kostentreiber in Ihrer Wertschöpfungskette kenntlich machen. Dazu sollten Sie die Wertschöpfungskette des Unternehmens analysieren, wie in Abb. 4.8 beispielhaft dargestellt.

Kennzahlen in der Perspektive Mitarbeiter/Führung Sie haben bereits bei der Erstellung des Kausalnetzes gesehen, dass die Mitarbeiter einen entscheidenden Einfluss auf alles haben, was im Unternehmen passiert. Die Mitarbeiterzufriedenheit übt sowohl über die Qualität, die Kundenzufriedenheit, als auch über die Produktivität Einfluss auf das Ergebnis aus. Die direkten Ursache-Wirkungs-Zusammenhänge der Mitarbeiterebene mit Wirkung auf den Unternehmenswert können nur qualitativ abgeleitet werden. Zum Beispiel ist die Wirkung einer durchgeführten Schulungsmaßnahme auf den Unternehmenswert quantitativ nicht abbildbar. Trotzdem sind richtig qualifizierte und motivierte Mitarbeiter ein großer Hebel, um den Unternehmenswert nachhaltig zu steigern. Deshalb sollten Sie dieser Perspektive mindestens dieselbe Aufmerksamkeit widmen wie den anderen drei. Erfolgreiche Unternehmer wissen, dass jedes Unternehmen von der Eigeninitiative seiner Mitarbeiter lebt und Mitarbeiter genauso gepflegt werden müssen wie eine Marke. Die entscheidenden Faktoren, die sich auf die Mitarbeiterzufriedenheit auswirken, sind Leistungsfähigkeit, Leistungsbereitschaft und Leistungsbedingungen. Die Leistungsfähigkeit beschreibt die Kompetenz, die die Mitarbeiter brauchen, damit sie die im beruflichen Alltag gestellten Aufgaben erfolgreich ausführen können. Unter Leistungsbereitschaft versteht man, dass die Mitarbeiter bereit und willens sind, die geforderten Aufgaben auszuführen, also letztlich die Motivation. Der Begriff Leistungsbedingungen fasst alles zusammen, was dem Mitarbeiter zur Verfügung gestellt wird, damit er seine Aufgaben ausüben kann, also die Arbeitsbedingungen. Es geht also um Kompetenz, Motivation und Instrumente.

Uns ist klar, dass wir uns hier in einem eher „weichen" Bereich bewegen und dass es deshalb schwieriger ist, geeignete Kennzahlen zu definieren und zu erheben. Kennzahlen, die mit vertretbarem Aufwand erhoben werden können, sind nach unserer Meinung die Weiterbildungsquote, die Gesundheitsquote, die Mitarbeiterloyalitätsquote und die Anzahl der Verbesserungsvorschläge pro Mitarbeiter. Einen Eindruck von der Zufriedenheit Ihrer Mitarbeiter geben auch Zahlen über Fluktuation und ungeplante Eigenfluktuation oder über Bewerbungen. Allerdings gilt auch in diesem Bereich: Sie müssen selbst entscheiden, welche Kennzahlen für Sie wichtig und aussagekräftig sind.

Schauen wir uns die entscheidenden Faktoren Leistungsfähigkeit, Leistungsbereitschaft und Leistungsbedingungen genauer an.

1. Leistungsfähigkeit Für ein Unternehmen ist entscheidend, dass die Qualifikation der einzelnen Mitarbeiter an der Strategie des Unternehmens und damit an den Unternehmenszielen ausgerichtet wird. Qualifizierungsmaßnahmen müssen strategiekonform stattfinden. Das setzt aber voraus, dass Sie wissen, wie es um die Qualifikation Ihrer Mitarbeiter bestellt ist. Erst dann können Sie eine zielgerichtete Kompetenzentwicklung betreiben. Wir möchten Ihnen deshalb mit dem Kompetenzmodell ein praktikables Instrument anbieten.

In diesem Modell werden die Kompetenzanforderungen aus der Unternehmensstrategie auf die jeweilige Abteilung heruntergebrochen. Die Frage dabei ist: Welche Kompetenzen benötigt die Abteilung heute und in Zukunft, um die verabschiedete Strategie optimal umsetzen zu können? Nach der Erfassung der relevanten Kompetenzfelder wird jeder Mitarbeiter der Abteilung hinsichtlich seiner vorhandenen Kompetenz im einzelnen Kompetenzfeld bewertet. Dabei hat sich eine Einteilung in Einsteiger, Anwender, Könner und Experten als sinnvoll erwiesen, denen Sie Kompetenzen zuordnen müssen.

Ein Einsteiger arbeitet sich innerhalb von kurzer Zeit in sein Aufgabenfeld ein und kann alle seine Aufgaben auf Einsteigerebene lösen. Das heißt, er hat die Unterstützung der Führungskraft an vereinbarten Stellen, er weiß, dass er nachfragen muss, um Unterstützung zu erhalten. Ein Anwender beherrscht seine typischen Aufgabenstellungen im normalen Ablauf und arbeitet zunehmend selbstständig in schwierigen komplexen Situationen. Ein Könner beherrscht seine typischen Aufgabenstellungen auch in schwierigen Situationen, trifft selbstständig und sicher Entscheidungen, arbeitet strukturiert und vorausschauend. Der Experte beherrscht seine typischen Aufgabenstellungen auch in schwierigen, komplexen, außergewöhnlichen Situationen. Er denkt über sein Aufgabenfeld hinaus und ist der natürliche Ansprechpartner für seine Kollegen.

Beispiel: Projektmanagement

Zum Beispiel hat der Anwender, was die fachlichen Anforderungen betrifft, einen fundierten Erfahrungsschatz in der Projektarbeit aufgebaut und beherrscht alle einzusetzenden Instrumente. Der Experte ist ein exzellenter Projektmanager und ein gefragter Projektcoach. Der Einsteiger dagegen kennt zwar alle theoretischen und praktischen Projektmanagementtools und hat bereits in Projekten als Teilprojektleiter und auch als Projektleiter in kleineren Projekten gearbeitet, hat aber offensichtlich noch größeren Schulungsbedarf.

In solche Kategorien können Sie alle Mitarbeiter einer Abteilung einteilen. Natürlich können Sie auch die Anforderungen erweitern, zum Beispiel um organisatorische Anforderungen. Wenn Sie alle Mitarbeiter bewertet haben, werden die Kompetenzbewertungen aller übereinandergelegt und Sie verfügen über das Ist-Kompetenzprofil der Abteilung. Beim Vergleich von Ist- und Soll-Kompetenzen werden die Kompetenzlücken der Abteilung deutlich. Daraus können der Schulungs- und Entwicklungsbedarf der Abteilung abgeleitet werden, daraus wiederum der Schulungsplan für den einzelnen Mitarbeiter. Das Kompetenzmodell kann auch quantifiziert werden (Scoring-Modell) und der Wert über alle Mitarbeiter und Kompetenzen ins Cockpit übernommen werden.

▶ Die richtige Qualifikation der Mitarbeiter hat Einfluss auf ihre Zufriedenheit und ihren Leistungswillen. Wer überfordert oder unterfordert ist, bringt keine optimale Leistung.

2. Leistungsbereitschaft Die Motivation und damit die Einstellung aller Mitarbeiter finden sich in der gelebten Unternehmenskultur, den Werten des Unternehmens wieder. Erfolgsfaktorenforschungen zum Thema Werte zeigen, dass es keine einheitlichen Werte in den erfolgreichen Unternehmen gibt. Alle untersuchten Unternehmen verfügten über unterschiedliche Werte. Aber alle erfolgreichen Unternehmen vereinte ein ausgeprägtes und gelebtes Wertesystem. Deshalb ist es wichtig, das angestrebte Wertesystem im Unternehmen zu festigen und zu entwickeln. Mitarbeiter werden nur dann langfristig in einem Unternehmen motiviert und mit hohem Einsatz arbeiten, wenn ihnen die Arbeit und der Umgang untereinander Spaß machen und sie sich im Unternehmen wohlfühlen.

Im Cockpit kann über den Werteindex die Stimmung im Unternehmen auf der Mitarbeiterebene abgebildet werden. Der Index sollte im Abstand von ein bis zwei Jahren über professionelle Mitarbeiterbefragungen ermittelt und über ein Scoring-Modell quantifiziert und messbar gemacht werden. Diese Messung ist nötig, um abzuleiten, ob sich die Unternehmenskultur und die Werte im Unternehmen verändert haben. Der Werteindex ist auch ein Gradmesser dafür, wie es der Führung gelingt, Werte vorzuleben und zu vermitteln. Wenn, wie in manchen Unternehmen, zwei Wertesysteme parallel existieren – das der Führung und das der Mannschaft – ist davon auszugehen, dass das Unternehmen langfristig nicht mehr sehr erfolgreich sein wird, weil die Mitarbeiter möglicherweise bereits innerlich gekündigt haben (s. Abb. 4.9).

Abb. 4.9 Der Werteindex

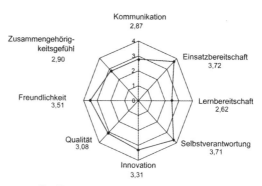

Der Unternehmenswerteindex beträgt: 3,21

Die Ermittlung des Werteindex sollte immer auf dieselbe Weise erfolgen, damit eine Vergleichbarkeit gewährleistet ist. Als Erstes sollte man die Unternehmenswerte überprüfen und Aussagen zu den Leitbildwerten erarbeiten. Der nächste Schritt ist die Durchführung der Befragung der Mitarbeiter. Danach werden die Ergebnisse ausgewertet und interpretiert. Sie bilden die Grundlage für die Erarbeitung des Handlungsbedarfs und der konkreten Maßnahmen. Im letzten Schritt werden die Maßnahmen umgesetzt.

3. Leistungsbedingungen Leistungsbedingungen sind die physischen Faktoren, die vom Arbeitgeber zur Verfügung gestellt werden müssen, damit der Mitarbeiter seine Arbeit auch durchführen kann. Ganz banal: Ein Informatikexperte kann nicht ohne PC arbeiten. Ein Maschinenarbeiter braucht einen ergonomisch einigermaßen vernünftigen Arbeitsplatz, sonst wird er ständig krank. Hinweise auf Handlungsbedarf können neben dem alltäglichen Gespräch auch im Rahmen der Mitarbeiterbefragung erhoben werden. Kennzahlen für die Leistungsbedingungen können auch in der Prozessperspektive abgebildet werden. Schließlich stellen die Leistungsbedingungen, also die Bereitstellung von Arbeitsplatz und Arbeitsmitteln, eine Investition und damit Kosten dar. Kosten werden normalerweise der Prozessperspektive zugeordnet. Allerdings haben die Kosten für die Arbeitsplätze in der Regel strategisch eine untergeordnete Rolle. Deshalb werden sie im Normalfall nicht ins Cockpit aufgenommen.

Kennzahlen in der Perspektive Finanzen/Risiko In der Perspektive Finanzen werden die Wirkungen der Maßnahmen in den anderen drei Perspektiven – Markt/Kunde, Prozesse und Mitarbeiter/Führung – auf die Werttreiber Rendite, Wachstum und Risiko dargestellt. Es gilt, Kennzahlen zu finden, die den wirtschaftlichen Erfolg des Unternehmens aussagekräftig dokumentieren und gleichzeitig das von den Banken durchgeführte Rating abbilden (Abb. 4.10).

▶ Nichts, was Sie in den anderen drei Perspektiven unternehmen, bleibt ohne Wirkung auf die Perspektive Finanzen.

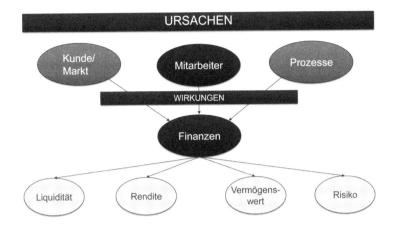

Abb. 4.10 Ursachen/Wirkungen

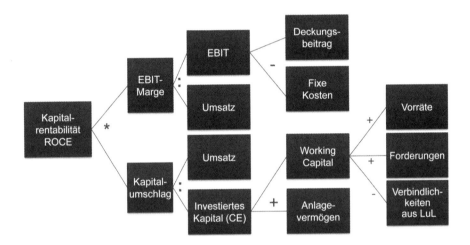

Abb. 4.11 Das DuPont-Schema

Als Spitzenkennzahl eines wertorientierten Ansatzes steht im Bereich **Rendite** die Verzinsung des eingesetzten Kapitals im Mittelpunkt. Aus dieser Kennzahl lassen sich nach dem DuPont-Schema weitere Finanzkennzahlen wie die Umsatzrendite oder der Return on Investment (RoI) ableiten und in einen direkten mathematischen Zusammenhang bringen (s. Abb. 4.11). Das **Wachstum** wird in der Finanzperspektive über die Entwicklung des Umsatzes oder Rohertrags beschrieben. Weitere Messgrößen, beispielsweise die Marktanteilsentwicklung etc., werden in der Markt/Kunden-Perspektive abgebildet. Die **Risikoperspektive** gewinnt nicht zuletzt aufgrund des von Basel II und III ausgelösten Bankendrucks immer stärker an Bedeutung. Das zwangsweise Ausscheiden eines Unternehmens aus dem Markt kann nur durch Illiquidität und/oder Überschuldung stattfinden. In der Risikoperspektive sollten daher unbedingt Kennzahlen erhoben werden, die eine Entwicklung in diese Richtung abbilden. So ist zum Beispiel eine hohe Eigenkapitalquote ein Indikator dafür, dass das Unternehmen einen Verlust tragen kann, ohne dass sofort eine Überschuldung eintritt. Umgekehrt deutet eine niedere Eigenkapitalquote darauf hin, dass das Unternehmen im Fall eines Verlustes gefährdet ist. Die Liquiditätsreichweite und die Cashflow-Marge sind Kennzahlen, die die Liquiditätssituation des Unternehmens beschreiben. Alle Risikopositionen des Unternehmens verdichten sich letztlich in der Berechnung der „durchschnittlich gewichteten Kapitalkosten" (WACC – Weighted Average Cost of Capital).

Die ultimative Finanzkennzahl ist der Unternehmenswert, also das Verhältnis von Fremdkapital zum Marktwert des Eigenkapitals. Dieses Verhältnis ziehen auch die Banken als Beurteilungskriterium der Bonität heran. Sie erinnern sich: „Erfolg ist, wenn der Unternehmenswert nachhaltig gesteigert werden kann". Am Anfang dieses Kapitels haben wir Ihnen verschiedene Methoden zur Berechnung des Unternehmenswerts dargestellt.

▶ Eine rechtlich verbindliche Bestimmung für den Unternehmenswert gibt es nicht. Für jedes in der Praxis handhabbare System muss man einen geeigneten Kompromiss zwischen der effizienten Anwendung einerseits und der methodischen Präzision andererseits finden.

Die wichtigen 13 Wenn Sie sich durch alle Perspektiven gearbeitet haben, sollten Sie 13 wichtige Elemente identifiziert haben, die Sie in einer Kennzahl abbilden. Alle anderen Kennzahlen sind nach unserer Meinung Subgrößen, die sich in irgendeiner Form in diesen 13 Schlüsselelementen auswirken.

Aus der Perspektive Markt/Kunden:

- Bestandskundenbindung,
- Neukundengewinnung,
- Wertschöpfung pro Kunde.

Aus der Perspektive Prozesse:

- Kosten/Produktivität,
- Zeit,
- Qualität,
- Individualität.

Aus der Perspektive Mitarbeiter/Führung:

- Leistungsfähigkeit,
- Leistungsbereitschaft,
- Leistungsbedingungen.

Aus der Perspektive Finanzen:

- Rendite,
- Wachstum,
- Risiko.

4.3.5   Schritt 5: Die Zuordnung der Verantwortlichkeiten

Wenn Sie wollen, dass das Cockpit tatsächlich funktioniert und Sie jederzeit einen Nutzen davon haben, sollten Sie klare Verantwortlichkeiten für das Cockpit und seine Umsetzung im Unternehmen festlegen. Dazu benötigen Sie den vollen Rückhalt Ihrer Führungskräfte. Deren Aufgabe ist es, für den Einsatz des Cockpits zu sorgen. Nur wenn die Geschäftsführung die Entwicklung und Einführung des Cockpits unterstützt, wird es die Akzeptanz im Unternehmen erhalten, die erforderlich ist, um es nachhaltig zu implementieren und erfolgreich einzusetzen.

Indem Sie klar festlegen, wer für welchen Teil des Cockpits zuständig ist, können Sie vermeiden, dass Ihre Führungskräfte Verantwortlichkeiten von sich weisen. Besonders wenn die Ergebnisse einmal schlechter sind, neigen Führungskräfte dazu, das Cockpit einschlafen zu lassen, um sich vermeintlich wichtigeren Aufgaben zu widmen. Dabei ist das Cockpit gerade in diesen Zeiten von elementarer Bedeutung, weil es Ihnen die Ursachen der schlechteren Ergebnisse erklären kann, so dass Sie entsprechend handeln können. Gerade am Anfang sollten Sie regelmäßig spezielle Cockpit-Meetings durchführen, in denen Sie die Kennzahlen des Cockpits überprüfen, Lücken schließen, Maßnahmen diskutieren und den Umsetzungsprozess überprüfen.

▶ Wenn es keine klaren Verantwortlichkeiten gibt, fühlt sich auch niemand verantwortlich.

Außerdem sollten Sie nicht unterschätzen, welche Wirkung das Cockpit nach innen und außen haben kann. Natürlich werden Sie nicht alle Zahlen allen Mitarbeitern oder gar Außenstehenden kommunizieren wollen, aber wir empfehlen, den „Transparenzeffekt" zu nutzen. Prinzipiell gibt man natürlich mit dem Cockpit auch ein Stück weit seine Ziele preis. Das macht es für den Wettbewerb interessant, vor allem, wenn konkrete Zahlen hinterlegt sind. Aus diesem Grund raten wir, das Cockpit nur zu zeigen und es nicht komplett via Kopie oder Ähnlichem aus der Hand zu geben. Doch wenn Sie den Einsatz des Unternehmenscockpits extern kommunizieren und Außenstehende von der Kompetenz Ihres Unternehmens damit überzeugen können, wird man Ihnen sehr viel mehr Vertrauen bei außerplanmäßigen Entwicklungen entgegenbringen. Das gilt ganz besonders für Banken und andere Geldgeber, die durch das Cockpit sehen, dass Sie Ihr Unternehmen vorausschauend und geplant führen.

Den Mitarbeitern verdeutlicht das Cockpit ihre Bedeutung im Unternehmen. Das Cockpit übersetzt schließlich die Strategie in das operative Geschäft. Das erleichtert es den Mitarbeitern, ihre Bedeutung oder die ihrer Abteilung/Gruppe im großen Ganzen des Unternehmens zu begreifen. Sie sehen durch das Cockpit, welche Auswirkungen das eigene Handeln – im Guten wie im Schlechten – auf das Unternehmen und seinen Erfolg hat. Dafür ist das Kausalnetz übrigens am geeignetsten. Die transparenten Strukturen des Cockpits zeigen im Übrigen auch den Mitarbeitern, dass ihr Unternehmen nicht nach „Laune des Chefs" geführt wird, sondern planvoll und strategisch.

▶ Das Unternehmenscockpit stärkt das Vertrauen in die Unternehmensführung bei den Mitarbeitern und anderen Stakeholdern.

Zwischen-Check Cockpitaufbau:

- Können Sie über die gefundenen Kennzahlen frühzeitig Entwicklungen erkennen, die sich zeitversetzt auf Ihren Umsatz auswirken werden?
- Sind die größten Kostentreiber in Ihrem Unternehmen identifiziert und im Cockpit abgebildet?
- Sind Ihre größten Risikopositionen wie Kundenabhängigkeit oder Ähnliches abgebildet?
- Erklären die gefundenen Finanzkennzahlen Ihr Rating?
- Haben Sie Verantwortliche für die einzelnen Kennzahlen benannt?
- Haben Sie sich in der Anzahl der Kennzahlen beschränkt?

Literatur

Weissman, Arnold. 2011. *Die großen Strategien für den Mittelstand*. New York: Campus Verlag.

Weiterführende Literatur

Kaplan, Robert S., und David P. Norton. 1997. *Balanced Scorecard: Strategien erfolgreich umsetzen*. Stuttgart: Schäffer-Poeschel Verlag.
Kaplan, Robert S., und David P. Norton. 2001. *Die strategiefokussierte Organisation: Führen mit der Balanced Scorecard*. Stuttgart: Schäffer-Poeschel Verlag.
Scheffler, Eberhard. 2010. *Die 115 wichtigsten Finanzkennzahlen*. München: Verlag C. H. Beck.

Cockpit – Steuerstand des Unternehmers 5

Haben Sie Ihr Cockpit sorgfältig vorbereitet und umgesetzt, wird es nicht nur ein Softwareprogramm sein, das Ihnen Kennzahlen auswirft, sondern ein Werkzeug, das Ihnen eine ganzheitliche Unternehmenssteuerung ermöglicht. Sie bilden damit nicht nur die Vergangenheit ab, sondern auch die Zukunft, und können Einfluss auf die Entwicklung Ihres Unternehmens nehmen und dafür sorgen, dass der Unternehmenswert nachhaltig gesteigert wird. Die Operationalisierung des Cockpits bietet einen detaillierten und kompletten Überblick über den Fortschritt der Strategie und fungiert darüber hinaus als Frühwarnsystem. Ziel ist es, Kennzahlen zu definieren, Zielwerte festzulegen und Maßnahmen abzuleiten, die eine Quantifizierung und damit Kontrolle der Ursache-Wirkungs-Zusammenhänge ermöglichen. Dazu gehören zwingend die folgenden Punkte:

- genaue Definition der Kennzahlen,
- Definition von Zielen,
- Festlegen von Ist- und Soll-Größen,
- Vergleiche mit den Vorjahren,
- Kontrolle der Abweichungen zum Soll,
- Kontrolle der Abweichungen zu den Vorjahren,
- Ableitung der Ampelfarbe aus dem Zielerreichungsgrad (grün, gelb, rot),
- Festlegen von Kennzahlenverantwortlichen,
- Definition von strategischen Maßnahmen zur Erreichung der gesetzten Ziele,
- Festlegen von Maßnahmenverantwortlichen mit Terminen.

Wenn das Cockpit erst einmal in Funktion ist, regelmäßig gepflegt und von allen akzeptiert wird, bringt es Ihnen folgende Vorteile:

- Es sorgt für erhöhte Transparenz im Unternehmen.
- Es stellt sicher, dass jeder im Unternehmen die Strategie kennt.
- Es ist ein Kommunikations- und Motivationsinstrument, das durch seine ganzheitliche Sichtweise Ressortegoismen und Abteilungsdenken sprengen kann.

A. Weissman et al., *Das Unternehmenscockpit,*
DOI 10.1007/978-3-8349-4127-5_5, © Gabler Verlag | Springer Fachmedien Wiesbaden 2012

- Es hilft, sich auf das Wesentliche zu konzentrieren und dadurch Zeit zu sparen.
- Sie werden befähigt, Faktoren zu identifizieren, die nicht wie angestrebt sind.
- Es übersetzt die Strategie ins operative Geschäft.
- Es leitet konkrete Maßnahmen mit strategischer Relevanz ab.
- Es ist ein Führungsinstrument, da es jeden Mitarbeiter aktiv in die Strategie einbindet und die zur Erreichung der Vision benötigten Kompetenzen sichtbar macht.

▶ „Erfolgreich kann man nur sein, wenn man ganzheitlich denkt und handelt". (Komm.-Rat Karl Handl, Handl Tyrol)

5.1   Operationalisierung des Cockpits

Bevor Sie mit der Operationalisierung beginnen, muss sowohl Ihr Strategieentwicklungsprozess als auch der Cockpitaufbau mit dem Aufbau der vier Perspektiven, dem Herunterbrechen der strategischen Ziele und der Definition der Kennzahlen erledigt sein. Wir verdeutlichen an einem Beispiel aus einem Unternehmen, wie das aussehen könnte.

Beispiel Cockpitvorbereitung eines Getränkeproduzenten

Strategisches Oberziel:
  Nachhaltige Steigerung des Unternehmenswerts und Sicherung/Ausbau der Arbeitsplätze

Strategische Stoßrichtung:

  A: Rentabilität erhöhen
  B: Signifikantes Wachstum
  C: Aufmerksame Beachtung spezifischer Risikofaktoren

Daraus abgeleitet wurde ein strategisches Zielsystem für 2015:
  Wir wollen wachsen können, aber nicht müssen (Tab. 5.1).

Auf dieser Grundlage wurde eine strategische Landkarte entwickelt, die die Ursache-Wirkungs-Zusammenhänge abbildet. Außerdem wurden die verschiedenen Ziele den vier Perspektiven zugeordnet. Anhand der Nummerierung können Sie die einzelnen Punkte in der Karte leicht wiederfinden (s. Abb. 5.1).
  An einigen Beispielen aus dem Bereich Markt/Kunde sehen Sie nachfolgend, wie Sie die entsprechenden Kennzahlen finden, um Ihre Ziele zu erreichen (auch hier können Sie sich wieder an der Nummerierung orientieren; Tab. 5.2):

Die Operationalisierung des Cockpits erfolgt in einem Abstand von ein bis drei Monaten nach dem Aufbau der Perspektiven. In diesem Zeitraum werden die vorhandenen Daten

Tab. 5.1 Strategisches Zielsystem

A: Renditesteigerung durch	B: Wachstum durch	C: Optimierung/Beibehaltung der Risikosituation durch
1. Sortiment marktorientiert managen	4. Marktdurchdringung erhöhen	11. Unternehmenskultur aufbauen und festigen
2. Verwaltung/Technik optimieren	5. Grenzgebiete aufbauen	12. Topqualitäten halten und ausbauen
3. Logistikprozesse optimieren	6. Vertrieb Kerngebiet optimieren	13. Partnerschaftscontrolling
–	7. Endkundenanteil erhöhen	14. Liquidität sichern
–	8. Innovationskraft erhöhen	–
–	9. Markenbekanntheit und -attraktivität erhöhen	–
–	10. Entwicklung neuer Vertriebskanäle	–

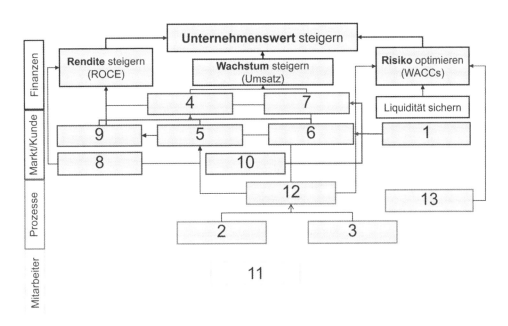

Abb. 5.1 Die strategische Landkarte

im Unternehmen erhoben und daraus die definierten Kennzahlen berechnet, also die Ist-Werte, von denen aus Sie beginnen. Wenn Sie nicht wissen, wo Sie stehen, können Sie auch keinen Weg zum Ziel finden. Viele Zahlen, die Sie dazu brauchen, werden Sie irgendwo im ERP-System oder in der Buchhaltung, in der Warenwirtschaft oder anderen Systemen versteckt haben. Manche Zahlen haben Sie unter Umständen noch nie erhoben. Das gilt häufig für Zahlen in den Perspektiven Markt/Kunde und Mitarbeiter/Führung. Und selbst wenn Sie dort bereits Zahlen erhoben haben, ist es durchaus möglich, dass Sie andere Zahlen erhoben haben, als jetzt festgelegt wurden. Durch die Überprüfung und eventu-

Tab. 5.2 Kennzahlen zur Zielerreichung

Strategisches Ziel	Indikator	Kennzahlen
1. Sortiment marktorientiert managen	Renner/Penner-Analyse (Mindestumsatz)	DB-Rechnung pro Produkt
	DB-Analyse	Absatzrangliste inklusive Entwicklung
4. Marktdurchdringung erhöhen (Kern- und erweitertes Gebiet)	Anzahl Neukunden	Anzahl Neu-/Bestandskunden jew. pro Gebiet GFGH-Potenzial pro Gebiet = 1 – (Kundenzahl GFGH pro Gebiet/Anzahl GFGH im Gebiet)
	Anzahl Bestandskunden	Anzahl Neukunden, gewonnen durch Türöffnerprodukt
	GFGH-Potenzial pro Gebiet	
	Türöffnerplatzierungen	
	Anzahl neuer Veranstaltungen, auf denen das Unternehmen auftritt	
5. Grenzgebiete ausbauen	Anzahl Besuche im Grenzgebiet	Anzahl Neukunden im Grenzgebiet
		Umsatzanteil Grenzgebiet/Gesamtumsatz
		Anzahl Besuche von Personen mit Bedarf im Grenzgebiet/Anzahl Besuche gesamt
6. Optimierung Vertrieb (Kerngebiet)	Neukundenkontakte	…
	Bestandskundenbesuche	…
	Persönliche Beziehungen	
	Akquisitionserfolgsquote	
	Durchschnittlicher Umsatz pro Kunde	
	Aktive Referenzen	
	Qualifikationsniveau des Außendienstes	
	Teilnahme und Präsenz Events	
	Wertorientiertes Kundenmanagement leben	

GFGH Getränkefachgroßhandel

elle Neuausrichtung Ihrer Strategie haben sich möglicherweise andere Aspekte ergeben, so dass andere Zahlen als bisher sinnvoll erscheinen. Lassen Sie sich durch die bereits im Unternehmen vorhandenen Zahlen nicht dazu verführen, bei dem, was Sie aus der Strategieentwicklung heraus identifiziert und festgelegt haben, Abstriche zu machen. Strategie ist nichts, was tagesaktuell zur Disposition steht. Jede Strategieentwicklung wird obsolet, wenn sie nicht überlegt umgesetzt wird. Der Aufwand mag Ihnen manchmal hoch erscheinen, doch bedenken Sie: Sie haben schon ein großes Stück des Weges hinter sich gebracht.

Vielleicht werden Sie auch bemerken, dass sich die eine oder andere Zahl gar nicht mit einem vertretbaren Aufwand erheben lässt. In diesem Fall sollten Sie überlegen, ob es eine Zahl gibt, die Ihnen dieselbe Information liefert, aber mit einem vertretbaren Aufwand erhoben werden kann. Möglicherweise haben Sie die Zahl auch nur falsch definiert. Überprüfen Sie in solchen Fällen die Definition beziehungsweise die Berechnung noch einmal.

▶ „Fehlende Daten sind normalerweise kein Datenerfassungsproblem, es handelt sich vielmehr um ein Managementproblem: ‚If you can't measure it, you can't manage it'. Wenn es keine Daten gibt, die eine Kennzahl ergeben, dann ist der Managementprozess für eine strategische Hauptzielsetzung wahrscheinlich ungeeignet oder schlicht nicht existent". (Kaplan und Norton in „Balanced Scorecard")

Legen Sie einen konkreten Zeitpunkt fest, zu dem die Zahlen – die Ist-Werte – vorliegen sollen, und vergessen Sie nicht, einen Verantwortlichen im Führungskreis dafür zu benennen, zum Beispiel den jeweiligen Bereichsleiter. Er muss die Zahlen in seinem Verantwortungsbereich erheben (lassen) und dafür sorgen, dass die Zahl auch tatsächlich der Definition entspricht. Regelmäßige Cockpit-Meetings sorgen dafür, dass die Aufgaben nicht in Vergessenheit geraten und Schwierigkeiten rechtzeitig diskutiert und ausgeräumt werden können.

Das Herunterbrechen der Strategie auf klar messbare Erfolgsfaktoren und Zielgrößen ist eine der wichtigsten Voraussetzungen für die Umsetzung der Strategie im Cockpit. Alle betriebswirtschaftlichen Treibergrößen, die für die Umsetzung der Strategie entscheidend sind, müssen bestimmt und standardisiert ermittelt werden. Das gilt für alle Bereiche. Dabei muss ein ausgewogenes Verhältnis zwischen finanzwirtschaftlichen, internen und marktbezogenen Kennzahlen herrschen, in denen alle vier Perspektiven berücksichtigt werden. Durch intensive Diskussionen über die Werttreiber und die Kausalketten entsteht ein breiter Konsens über die wichtigsten Ziele, Steuerungsgrößen und Maßnahmen. Aufgrund der Erarbeitung in Workshops schafft das Cockpit auch eine hohe Akzeptanz bei den Mitarbeitern.

5.1.1 Das Cockpit als Frühwarnsystem

Allein mit den Ist-Werten kommen Sie nicht weiter. Sie müssen zusätzlich einen Zielwert sowie die erlaubten Abweichungen festlegen. Die Abweichungen ermöglichen Ihnen die Einrichtung eines Ampelsystems, so dass Sie auf einen Blick sehen können, wo Sie Ihre Ziele nicht erreichen beziehungsweise wo Handlungsbedarf besteht.

Für den Bereich Markt/Kunde könnte das wie folgt aussehen:

Sie haben als Kennzahlen für diese Perspektive die Kundenbindungsquote, den Umsatz pro Kunde und die Neukundengewinnung festgelegt und definiert (Tab. 5.3).

Tab. 5.3 Soll-Ist-Vergleich Kennzahlenerreichung – Kundenbindungsquote

	Kundenbindungsquote	Umsatz pro Kunde	Anzahl neuer Kunden
Zielwert	90 %	2.000 €	4 Kunden pro Monat
Erlaubte Abweichung (Grün)	5 %	5 %	1 Kunde
Erlaubte Abweichung (Gelb)	10 %	10 %	2 Kunden
Erhebungsfrequenz	jährlich	monatlich	monatlich
Quelle	Vertrieb	Vertrieb	Vertrieb
Durchschnitt	87,5 % (6 Jahre)	1.800 € (12 Monate)	2,75 (12 Monate)
Bereich	Markt/Kunde	Markt/Kunde	Markt/Kunde

Tab. 5.4 Soll-Ist-Vergleich Kennzahlenerreichung – Allgemein

	Individualität	Qualitätsindex	Prozesskosten	Zeit
Zielwert	80 %	<0,5 %	<40 Cent/Teil	<3 Tage
Erlaubte Abweichung (Grün)	8 %	0,1 %	2 Cent/Teil	0,25 Tage
Erlaubte Abweichung (Gelb)	12 %	0,2 %	4 Cent/Teil	0,5 Tage
Erhebungsfrequenz	Quartal	monatlich	monatlich	monatlich
Quelle	Vertrieb	PPS	PPS	PPS
Durchschnitt	63 % (12 Monate)	0,45 % (12 Monate)	42 Cent/Teil (12 Monate)	2,6 Tage
Bereich	Prozesse	Prozesse	Prozesse	Prozesse

$$\text{Kundenbindungsquote} = \frac{\text{Anzahl der Kunden 2010 aus 2009}}{\text{Anzahl der Kunden 2009}}$$

$$\text{Umsatz pro Kunde} = \frac{\text{Gesamtumsatz}}{\text{Anzahl Kunden}}$$

$$\text{Neukundengewinnung} = \text{Anzahl neuer Kunden}$$

Sinnvoll ist es, wenn die Entwicklung zusätzlich noch als Chart abrufbar ist. Im Chart sollten Sie den Zielwert als Nulllinie einziehen, so dass Sie auf einen Blick die Erreichung des Zielwerts ablesen können.

Beispiele für Kennzahlen im Bereich Prozesse (Tab. 5.4):

$$\text{Individualität} = \frac{\text{Anzahl umgesetzter Sonderanfragen}}{\text{Anzahl Sonderanfragen}}$$

$$\text{Qualitätsindex} = \frac{\text{Summe der Fehler}}{\text{Anzahl der Teile gesamt}}$$

$$\text{Prozesskosten} = \frac{\text{Produktionskosten gesamt}}{\text{Anzahl produzierter Teile}}$$

$$\text{Zeit} = \text{Zeit vom Auftragseingang bis Versand der Ware}$$

Wenn Sie die Zahlen in Zusammenhang mit der Kausalkette sehen, die Sie angelegt haben, können Sie von der Mitarbeiterperspektive bis zur Finanzperspektive erkennen, welchen Einfluss die verschiedenen Werttreiber auf den Unternehmenserfolg haben. Darüber hinaus wird deutlich, ob die Zahlen, die erhoben werden, tatsächlich die richtigen sind. Die Kennzahlen, die Sie für Ihr Unternehmen festgelegt haben, müssen nicht unbedingt dieselben sein, die wir in unseren Beispielen aufgelistet haben. Wesentlich ist, dass die Kennzahlen die Strategie des Unternehmens abbilden. Sie sollen an ihnen ablesen können, ob Ihre Strategieumsetzung funktioniert.

Die Kennzahlen im Bereich Finanzen werden ebenso wie die in den anderen Perspektiven gehandhabt. Auch hier müssen Zielwerte und Abweichungen festgelegt werden. Als oberste Kennzahl gilt hier der Unternehmenswert, der definiert wird als Ergebnis der Division des Unternehmenswerts des Ist-Jahres durch den des Vorjahres. Das Cockpit sorgt dafür, dass Sie nicht nur rechtzeitig sehen, wo Sie eingreifen müssen, sondern ermöglicht durch die Ursache-Wirkungs-Zusammenhänge auch, die Stellschrauben für Maßnahmen zu identifizieren und so die richtigen Maßnahmen einzuleiten.

▶ Im Idealfall passt Ihr Kennzahlenbericht auf ein Blatt und zeigt Ihnen durch die Ampelfarben sofort, wo Sie aktuell stehen und wo Handlungsbedarf besteht.

Ihr Cockpit ist startbereit, wenn Sie folgende Aufgaben erledigt haben:

- Sie haben die verschiedenen Schlüsselelemente in den vier Perspektiven identifiziert und in einer Kausalkette die Zusammenhänge dargestellt.
- Die Kennzahlen sind definiert und den vier Perspektiven Markt/Kunde, Prozesse, Mitarbeiter/Führung und Finanzen zugeordnet.
- Die Ist-Werte wurden erhoben, Zielwerte festgelegt, ein Ampelsystem installiert und Verantwortliche für die Erhebung der Zahlen benannt.
- Sie haben ein Mustercockpit erstellt, in dem Sie Ihre strategischen Ziele in den vier Perspektiven niedergelegt haben (Abb. 5.2).

Aus Ihren strategischen Zielen leiten Sie die Maßnahmen ab. Diese sind kurzfristiger angelegt als die strategischen Ziele. Maßnahmen zur Erreichung des strategischen Ziels „im Non-Automotive-Geschäft überdurchschnittlich wachsen" könnten zum Beispiel sein, die Akquisitionstätigkeit im Non-Automotive-Geschäft zu steigern oder die Wertschöpfung pro Kunde in diesem Bereich zu erhöhen. Priorisieren Sie die Maßnahmen, die Sie aus

Abb. 5.2 Mustercockpit mit strategischen Zielen

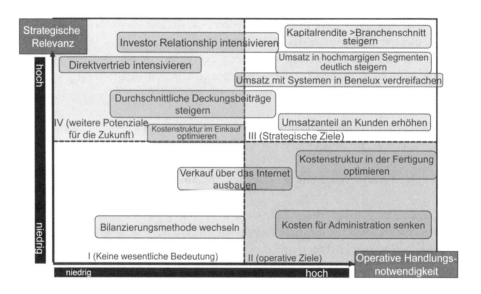

Abb. 5.3 Beispielmatrix: Strategische Relevanz – operative Handlungsnotwendigkeit

Ihren strategischen Zielen ableiten. Dazu können Sie sie bewerten unter den Gesichtspunkten Dringlichkeit/operative Handlungsnotwendigkeit und Wichtigkeit/strategische Relevanz (Abb. 5.3).

▶ Maßnahmen sind Mittel zu dem Zweck, ein Ziel zu erreichen.

Exkurs: Portfoliosteuerungsmodell

Wenn Sie ein Unternehmen mit 200 Mitarbeitern führen, fällt es Ihnen nicht schwer, Ihr Unternehmenscockpit im Blick zu behalten und damit Ihr Unternehmen zu steuern. Anders sieht es aus, wenn Sie zehn oder mehr Unternehmen unter einem Holding-Dach zu führen haben. Sie werden dann nicht die Zeit haben, sich mit jedem Unternehmen eingehend genug zu befassen, um jedes einzelne Cockpit anzuschauen. Um sich trotzdem jederzeit einen Überblick zu verschaffen, können Sie das Portfoliosteuerungsmodell nutzen.

Es ermöglicht Ihnen, verschiedene operative Gesellschaften mit jeweils eigenen Cockpits über eine Portfoliosteuerung auf Holding-Ebene zu führen. Dafür werden die strategischen Geschäftseinheiten in der Werttreibermatrix und in einem Marktattraktivitäts-/Wettbewerbsportfolio abgebildet. Durch die Positionierung der verschiedenen Einheiten in dem Portfolio mit den Achsen Wettbewerbsposition (x) und Marktattraktivität (y) können Sie entscheiden, wo sich Investitionen lohnen und wo nicht. Die Übertragung in die Werttreibermatrix identifiziert Marktanteilsverlierer und -gewinner sowie wertsteigernde und wertvernichtende Bereiche. Auf der Holding-Ebene können Sie dadurch strategische Investitionsentscheidungen für alle Unternehmen fundiert treffen.

Zwischen-Check Cockpitstart:

- Haben Sie Ihre strategischen Etappenziele und die dazugehörigen Maßnahmen festgelegt?
- Wurde das Kausalnetz aufgebaut?
- Sind die Kennzahlen für alle vier Perspektiven definiert worden?
- Haben Sie alle Ist-Werte erhoben und Soll-Werte festgelegt?
- Wurde ein Ampelsystem installiert?
- Haben Sie ein Mustercockpit erstellt?

5.1.2 Arbeiten mit Szenarien

Das Cockpit ermöglicht Ihnen die Arbeit mit Szenarien. Sie ist nicht nur gut, um die Banken zu überzeugen, sondern zeigt Ihnen auch, womit Sie rechnen müssen, wenn Sie bestimmte Maßnahmen treffen oder wenn Ereignisse und Entwicklungen eintreten. Sie können mit Szenarien zum Beispiel die Auswirkungen von Kundenverlusten oder Absatzrückgängen abschätzen. Die Möglichkeiten des Cockpits werden auch an alltäglichen Beispielen deutlich:

Ein Unternehmen aus der Automobilzulieferbranche hat sich vorgenommen, den Umsatz zu erhöhen. Es geht davon aus, dass das durch die Erhöhung der Wertschöpfung pro Kunde und die Erhöhung der Kundenzahl möglich ist.

Die Ausgangslage 2011:

- Das Unternehmen erzielte 2011 einen Umsatz von 13 Mio. € mit 65 Kunden.
- Das entspricht einem durchschnittlichen Umsatz pro Kunde von 200.000 €.

- Die Kundenbindung liegt stabil bei 65 %.
- Der technische Vertrieb benötigte in den letzten Jahren durchschnittlich drei qualifizierte Neukundenkontakte, um einen neuen Kunden zu gewinnen. Das entspricht einer Akquisitionserfolgsquote von 33 %.

Das Ziel für 2012:

- Der Umsatz soll sich auf 14,2 Mio. € erhöhen.
- Der durchschnittliche Umsatz pro Kunde wird sich aufgrund eines breiteren Leistungsspektrums voraussichtlich auf 210.000 € erhöhen lassen.
- Ein neues CRM-System soll die Kundenbindung auf 70 % erhöhen.
- Die Akquisitionserfolgsquote wird voraussichtlich weiterhin bei 33 % liegen.

Wie viele Neukundenkontakte braucht das Unternehmen, um das angestrebte Umsatzziel zu erreichen?

$$\text{Planumsatz 2012} = (\text{Kundenbindung} \times \text{Kunden 2011}$$
$$+ \text{Neukundenkontakte} \times \text{Akquisitionserfolgsquote})$$
$$\times \text{geplanter durchschnittlicher Umsatz pro Kunde 2012}$$

$$14,2 \text{ Mio. } € = (0,7 \times 65 + \text{Neukundenkontakte} \times 0,33) \times 210.000 €$$

Woraus sich ergibt:

$$\text{Neukundenkontakte} = 67$$

Der technische Vertrieb müsste nach dieser Rechnung also 67 qualifizierte Neukundenkontakte generieren, damit der angestrebte Umsatz des Unternehmens erreicht werden kann. In der bestehenden Struktur kann der technische Vertrieb, der aus nur einem Mitarbeiter besteht, jedoch nur maximal 40 qualifizierte Neukundenkontakte generieren. Es wird also bereits bei der Planung klar, dass das Umsatzziel mit der bestehenden Struktur nicht erreicht werden kann. Beim Blick auf die Kausalkette wird deutlich, welche Hebel das Unternehmen hat, um den Umsatz zu beeinflussen:

- durchschnittlicher Umsatz pro Kunde,
- Kundenbindungsquote,
- Anzahl der Neukundenkontakte,
- Akquisitionserfolgsquote.

Jetzt müssen Maßnahmen ergriffen werden, damit der geplante Umsatz erreicht werden kann. Dafür gibt es mehrere Möglichkeiten.

- Einstellung eines zusätzlichen Vertriebsmitarbeiters, um die Zahl der Neukundenkontakte zu erhöhen.
- Schulung des Vertriebsmitarbeiters, damit die Akquisitionserfolgsquote steigt.
- Verbesserung der Betreuung der Bestandskunden, damit die Kundenbindungsquote erhöht wird.
- Bessere Darstellung des Leistungsspektrums, um die durchschnittliche Wertschöpfung pro Kunde zu steigern.

Eine andere Möglichkeit ist die Anpassung der Umsatzplanung an die tatsächlichen Gegebenheiten, um dann in einem zweiten Schritt die interne Struktur anzupassen.

Das Cockpit ist nicht nur dazu da, Ist- und Sollwerte abzubilden, sondern eignet sich auch für die Szenarienarbeit. Unternehmen können damit einerseits sehen, was passiert, wenn sich Zahlen ändern, zum anderen können sie damit erkennen, welche Möglichkeiten sie haben, um besonders ehrgeizige Ziele, die sie vielleicht sogar für unerreichbar halten, zu erreichen. Das Cockpit erlaubt Ihnen durch die Verknüpfung von Wirkungen und Ursachen zu sehen, welche Stellschrauben Sie drehen müssen, um bestimmte Ziele zu erreichen.

Das einfachste Beispiel für Szenarienarbeit ist, Antworten auf die Frage „was ist, wenn …?" zu erhalten. Was passiert zum Beispiel, wenn Ihnen Ihr größter A-Kunde wegbricht, oder was passiert, wenn die Autobranche in die Krise gerät und Sie von dort nur noch 50 oder 40 % Ihrer bisherigen Aufträge bekommen? Das Wissen um die Auswirkungen versetzt Sie in die Lage, rechtzeitig strategische Maßnahmen einzuleiten, die verhindern, dass das Unternehmen Schaden nimmt. Sie können Worst und Best Cases simulieren und daraus ableiten, wo Sie eingreifen müssen. Über die Kausalkette können Sie verfolgen, was passiert, wenn Sie eine bestimmte Maßnahme ergreifen und welche Ursache welche Wirkung hat.

Kaplan und Norton beschreiben in ihrem Buch „Balanced Scorecard" einen beeindruckenden Fall, in dem ein Unternehmen sich ein sehr ehrgeiziges Ziel setzte, von dem ursprünglich niemand dachte, dass es erreichbar wäre. Die intensive Beschäftigung mit den Ursache-Wirkungs-Zusammenhängen zeigte jedoch, dass das Ziel durchaus erreichbar war, wenn man einen anderen Weg als geplant beschritt, nicht nur an einer Stellschraube drehte, sondern an mehreren, und so das nahezu unerreichbare Ziel durch die Aufspaltung in kleine Ziele doch erreichte.

Wenn Sie diese Vorgehensweise für das Beispiel mit der Umsatzplanung oben anwenden, sehen Sie, dass auch dort mehrere Maßnahmen zur Disposition standen, um das angestrebte Umsatzziel zu erreichen. Hätte man alle Maßnahmen ausgeschöpft, hätte das geplante Umsatzziel weit übertroffen werden können. Allerdings hätte man den Erfolg noch gegen die Ausgaben abwägen müssen, die die verschiedenen Maßnahmen verursachen.

▶ Kleben Sie nicht nur an den Zahlen. Betrachten Sie immer auch die Ursache-Wirkungs-Zusammenhänge.

5.2   Implementierung des Cockpits

Für die tägliche Nutzung des Cockpits brauchen Sie die passende Software. Je nach Unternehmensgröße, Budget und Gegebenheiten in der EDV, im Rechnungs- und Berichtswesen bieten sich hier verschiedene Lösungen an. Die am Markt angebotenen Lösungen reichen von der einfachen Kennzahlenliste über die von Vorsystemen unabhängige Insellösung bis hin zum integrierten System mit Schnittstellen zu den entsprechenden Vorsystemen.

5.2.1   Einfach mit Nachteilen: Kennzahlenliste

Die wohl einfachste und kostengünstigste Möglichkeit, das Cockpit zu implementieren, ist mit Sicherheit eine Kennzahlenliste, zum Beispiel mit Microsoft Excel. Der klare Vorteil dieser Methode ist, dass weder nennenswerte Investitionen noch Zeitaufwand für Schulungen etc erforderlich sind. Dem gegenüber steht jedoch eine Reihe von Nachteilen. Eine echte Visualisierung mit einem Kausalnetz ist nur mit sehr großem Aufwand möglich. Änderungen werden fehleranfällig und erfordern viel Handarbeit. Eine echte Struktur lässt sich nicht hinterlegen. Daher muss immer ein Mitarbeiter zuständig für die gesamte Liste sein – oder alle beteiligten Mitarbeiter erhalten automatisch Zugriff auf alle vorhandenen Daten. Das mag manchem zu viel Transparenz sein. Wir halten diese Option in der Praxis kaum für empfehlenswert. Sie kommt höchstens für sehr kleine Unternehmen in Frage.

5.2.2   Aufwändig, aber praktisch zum Einstieg: Insellösung

Viele Unternehmen favorisieren zum Einstieg die so genannte Insellösung. Bei dieser Methode arbeitet die Software unabhängig, das heißt ohne Schnittstellen zu bestehenden Vorsystemen. Diese Lösung wird meist webbasiert angeboten, die Bedienung erfolgt also online. Eine Installation ist nicht erforderlich. Eine solche Lösung bildet automatisch das Kausalnetz Ihres Cockpits ab und verschafft sofort einen guten Überblick über den aktuellen Stand der Dinge. Mit Hilfe solcher Systeme haben Sie die Möglichkeit, jederzeit sowohl im Ganzen als auch im Detail den aktuellen Stand der Kennzahlen Ihres Cockpits inklusive Verlauf abzurufen. Jeder Mitarbeiter hat den Überblick über seine eigenen Kennzahlen, und die Mitglieder der Geschäftsleitung erhalten einen Gesamtüberblick.

Der Nachteil dieser Lösung besteht darin, dass die Daten von Hand eingegeben werden müssen. Da jeder Kennzahlenverantwortliche seine Ergebnisse (etwa zehn Werte pro Mitarbeiter pro Monat) selbst erfasst, hält sich der erforderliche Zeitaufwand hierfür jedoch in Grenzen. Die Problematik möglicher Fehleingaben durch das Übertragen der Ergebnisse aus den Vorsystemen per Hand bleibt jedoch bestehen. Trotzdem eignet sich diese Lösung hervorragend für den Einstieg, da sie mit wenig Aufwand schnell Ergebnisse liefert – ein direkter Start der Arbeit am Cockpit also machbar ist.

5.2.3 Elegant: Integrierte Systeme

Um das Problem der Erfassung per Hand bei den Insellösungen zu lösen, sind Schnittstellen zu den entsprechenden Vorsystemen wie Warenwirtschaft und Rechnungswesen nötig. Sofern sich die Software zur Abbildung Ihres Cockpits quasi nahtlos in die bestehende Umgebung einfügt, spricht man von einem integrierten System. Darunter versteht man mittelstandsgerechte Business-Intelligence- und Enterprise-Performance-Management-Lösungen. Sie eignen sich für größere Unternehmen und werden von verschiedenen Firmen angeboten. In der Regel enthalten Sie die Möglichkeit zu OLAP-Analysen (Online Analytical Processing), multidimensionales Reporting, Lösungen im Bereich Risikomanagement und Reporting, Informationsportale und Werkzeuge zur Datenextraktion. Für die Auswahl sind in erster Linie die Anforderungen Ihres Unternehmens entscheidend, unter anderem die Kompatibilität mit Ihren bereits vorhandenen Systemen. Folgende Voraussetzungen halten wir für allgemeingültig:

- Das System sollte webbasiert sein, damit es überall verfügbar ist.
- Es sollte über einen sicheren VPN-Zugang über Web-Server verfügen.
- Die Menüführung muss einfach und übersichtlich sein.
- Kundenindividuelles Branding sollte möglich sein.
- Das System sollte flexibel sein und eine Gestaltung nach Ihren Bedürfnissen ermöglichen.

Bei den Funktionsmerkmalen der Software sollten Sie Wert darauf legen, dass alle Messgrößen stets aktuell, verfügbar und verlässlich sind. Hier ist natürlich das eigene Unternehmen gefordert, denn die Verfügbarkeit aktueller und verlässlicher Daten ist abhängig von der Pflege des Systems durch die Verantwortlichen. Zahlen, die nicht erhoben und eingegeben werden, sind im System auch nicht vorhanden. Die Systeme können in der Regel bestimmte Zahlen aus vorhandenen ERP- und CRM-Programmen oder aus Excel-Listen auslesen und andere definierte Zahlen daraus errechnen, aber auch dort müssen die Zahlen erst einmal erfasst werden. Deshalb ist es so wichtig, dass Sie Verantwortliche für die verschiedenen Kennzahlen benennen. Weitere Funktionsmerkmale:

- Von aggregierten Kennzahlen im Cockpit auf detaillierte operative Größen durch die Drill-Down-Funktion schließen. Hat man zum Beispiel Informationen über den Abverkauf einer Produktgruppe in einem Quartal zur Verfügung, kann man mit einem Drill-Down sehen, welcher Artikel der Produktgruppe für welchen Umsatz gesorgt hat. Mit einem Drill-Up auf den Faktor Zeit könnte man dagegen den Abverkauf für das Halbjahr errechnen. Mit solchen Funktionen besteht die Möglichkeit, das Zustandekommen der Werte zu verstehen und zu interpretieren.
- Frei wählbare Cockpitansichten, damit Sie je nach Bedarf Kennzahlenlisten, Radarübersichten oder Grafiken zur Verfügung haben. Die Cockpitübersicht soll Ihnen zeigen, wo

Sie auf Ihrem Weg stehen. Das Radardiagramm erlaubt Ihnen einen Rundumblick. Mit der Datenausgabe in Excel können Sie Management-Summarys erstellen.

- Freie Periodenwahl je Messgröße, also Kalenderwoche, Monat, Quartal oder Jahr.
- Ein Berechtigungskonzept, das regelt, wer worauf Zugriff hat. Die Dokumentation der Unternehmensstrategie im System sollte für die Unternehmensführung zu 100 % abgebildet werden. Unterstützende Kommunikation an die Mitarbeiter sollte mit individueller Transparenz in verschiedenen Stufen über das Berechtigungssystem möglich sein.
- Die Projektsteuerung sollte in das System integriert werden können.
- Zusätzliche Cockpits und Dashboards für Firmen, Werke, Niederlassungen und Abteilungen sollten möglich sein.

Integrierte Systeme besitzen über die sehr kurzfristige Realisierbarkeit hinaus alle Vorteile eines Inselsystems ohne den Nachteil der ausschließlichen Erfassung per Hand. Abhängig von der Unternehmensgröße und der Komplexität der vorhandenen Strukturen sollten Sie für die Einführung eines solchen Systems etwa zwei bis drei Monate einplanen. Um sich grundsätzlich mit der Methodik vertraut zu machen, bietet es sich an, mit einer Insellösung zu beginnen. Im Anschluss können Sie optional auf ein integriertes System umsteigen, das Ihren individuellen Anforderungen entspricht.

▶ Eine gute Software strafft Ihr Berichtswesen und verbessert Ihre Kommunikationsprozesse.

▶ **Tipp: Investieren Sie in Schulung**
Egal, wie einfach ein solches System erscheint: Sie und Ihre Mitarbeiter sind weder mit der Software noch mit dem Unternehmenscockpit vertraut. Damit kein Frust aufkommt, sollten Sie in Schulungen investieren, die in der Regel von den Anbietern der Software angeboten werden. Es behindert die Begeisterung für das Cockpit, wenn seine Bedienung und Nutzung als mühsam angesehen werden.

Soll Ihr Unternehmenscockpit nachhaltig erfolgreich sein, dürfen Sie nicht den Fehler machen, den abgeschlossenen Aufbau als ein einmaliges „Jetzt-haben-wir-ein-Unternehmenscockpit-Event" zu betrachten. Vielmehr müssen Sie neben der ständigen Pflege der Kennzahlen mindestens einmal im Jahr Ihre Unternehmensstrategie auf den Prüfstand stellen und gegebenenfalls an veränderte Rahmenbedingungen anpassen. Dementsprechend müssen Sie sich fragen: Bildet das Cockpit noch die aktuelle Strategie ab? Strategiearbeit ist niemals endlich, insofern ist es auch die Arbeit am Cockpit nicht.

Zwischen-Check Cockpitstart:

- Haben Sie den zeitlichen Ablauf für die Implementierung des Cockpits festgelegt?
- Haben Sie die für Ihr Unternehmen passende Software ausgesucht?

- Sind Ihre EDV und die entsprechenden Mitarbeiter auf die Implementierung vorbereitet?
- Haben Sie im Vorfeld für Information und Schulung gesorgt?
- Stehen ausreichende Kapazitäten zur Verfügung?

5.2.4 Cockpitnachbearbeitung

Ihr Cockpit ist implementiert und sollte jetzt funktionieren. Manchmal tut es das trotz aller Sorgfalt, die Sie haben walten lassen, nicht. Die Ergebnisse sind enttäuschend beziehungsweise Sie können nicht viel damit anfangen. Das kann verschiedene Gründe haben, besonders in der Startphase. Doch Sie sollten keinesfalls aufgeben, sondern herausfinden, woran es liegt.

Gründe für die Nachbearbeitung eines Cockpits sind nach unserer Erfahrung:

Die Strategie hat sich geändert Zugegeben, das ist ein Grund, der nicht unbedingt in der Anfangsphase auftritt, aber später. Anfangs kann es sich eigentlich nur um eine unvollständig ausgearbeitete Strategie handeln. Auf jeden Fall sollten Sie Ihre Strategie regelmäßig prüfen, auch im Hinblick darauf, ob etwaige Strategieänderungen in den Aufbau des Cockpits Eingang gefunden haben. Auch eine unvollständig und nicht sauber ausgearbeitete Strategie kann zum Scheitern des Cockpits führen. Darüber lesen Sie mehr in Kap. 5.4.

Der vermutete kausale Zusammenhang besteht nicht Auch wenn Sie Ihre Kausalketten sorgfältig aufgebaut haben, ist es durchaus möglich, dass Ihnen beim Aufbau der Ursache-Wirkungs-Zusammenhänge ein Fehler unterläuft. Das lässt sich reparieren. Überprüfen Sie Ihre Kausalkette noch einmal. Wenn Sie sich unsicher sind, setzen Sie sich erneut zusammen und versuchen Sie gemeinsam, den Fehler zu finden.

Die Kennzahl kann nicht konstant erhoben werden Manchmal legt man eine Kennzahl fest, die gar nicht konstant erhoben werden kann. Das ist etwa so, als ob Sie die Temperatur einmal mit dem bloßen Finger festzustellen versuchen und das andere Mal mit einem Handschuh. Sie vergleichen im Zeitverlauf Äpfel mit Birnen. Suchen Sie nach den Gründen dafür, weshalb die Zahl nicht konstant zu erheben ist. Vielleicht liegt es an der Methodik. Notfalls verzichten Sie auf diese Zahl. Wenn sie nicht konstant erhoben werden kann, hat sie in der Regel auch nicht die Relevanz, die Sie ihr zumessen.

Die Maßnahmen wirken nicht auf die Kennzahl Überprüfen Sie, ob die Maßnahmen überhaupt auf die Kennzahl wirken können und ob sie tatsächlich die richtigen Instrumente zur Umsetzung Ihrer Strategie auf dieser Ebene sind. Manchmal reicht es, die Maßnahmen nur ein kleines bisschen zu modifizieren, damit sie wirken. Oder fließen in die

Kennzahl vielleicht nicht alle Ergebnisse der Maßnahmen ein, die laut Definition nötig sind?

Der Kennzahlenverantwortliche ist verkehrt Möglicherweise haben Sie für die Erhebung der Kennzahl jemanden eingesetzt, der gar nicht in der Lage ist, die Kennzahl zu erheben. Vielleicht bekommt er nicht die nötigen Basiszahlen oder sitzt an der falschen Stelle. In einem solchen Fall müssen Sie nach demjenigen suchen, der die Kompetenz und die Möglichkeit hat, die Zahl mit einem vertretbaren Aufwand regelmäßig zu erheben.

Der Soll-Wert ist unrealistisch Das passiert immer wieder. Regelmäßig wird der Soll-Wert einer Kennzahl unterschritten. Die Ampel ist rot. Das verlangt nach Maßnahmen, die niemals erfolgreich sind, weil sie nicht erfolgreich sein können. Der Grund: Der Soll-Wert wurde so unrealistisch angesetzt, dass er nicht erreicht werden kann, auch nicht mit größten Anstrengungen. Vielleicht haben Sie auch nur die Hebel nicht richtig gestellt? Mehr Neukundenkontakte können nicht erreicht werden, wenn es keine Maßnahmen gibt, die das unterstützen, wie mehr Mitarbeiter im Vertrieb oder ein besseres Marketing. Überprüfen Sie Ihren Soll-Wert und befassen Sie sich erneut mit den Ursache-Wirkungs-Ketten und Ihren Maßnahmen. Je nachdem, was Sie dort feststellen, ist es sinnvoll, den Soll-Wert anzupassen.

Eine wichtige Kennzahl fehlt Wenn eine wichtige Kennzahl fehlt, werden Ihre Ergebnisse nicht richtig abgebildet. Das kann sich unter Umständen bis zur Perspektive Finanzen und ins Ergebnis fortsetzen. So können Sie zum Beispiel eine Kennzahl für die Kundenzufriedenheit kaum abbilden, wenn Sie sich nicht auch um die Zahlen für Reklamationen oder Rücksendungen bemühen.

Eine Kennzahl ist nicht relevant Gerade bei der Einrichtung eines Cockpits tendieren Unternehmen dazu, zu viele Kennzahlen festzulegen. Dadurch wird das Cockpit unübersichtlich und Zahlen werden sozusagen doppelt oder parallel mit nur wenigen Unterschieden erhoben. Mehrere Zahlen dienen dann dazu, denselben Sachverhalt zu dokumentieren. Das ist demotivierend für diejenigen, die viel Arbeit damit haben, die Zahlen zu erheben. Verzichten Sie auf solche redundanten Zahlen. Definieren Sie Ihre Kennzahlen sauber, eindeutig und mit Relevanz.

5.3 Projekt Strategieumsetzung

Strategien sind keine Selbstläufer, und ihre Umsetzung schon gar nicht. Sie brauchen eine sorgfältige Durchführungsplanung, laufende Fortschrittskontrolle und den langen Atem der Verantwortlichen sowie deren Einigkeit, denn grundlegende Veränderungen lassen sich nur mit Konsens in der Führungsmannschaft durchsetzen. Deshalb möchten wir Ihnen detailliert vor Augen führen, welche Maßnahmen parallel zur Operationalisierung und Implementierung des Cockpits notwendig sind, damit sich das Cockpit wirklich zu einem wirkungsvollen Instrument der Unternehmenssteuerung entwickelt.

▶ Strategieumsetzung ist nur erfolgreich, wenn sich das ganze Unternehmen dafür engagiert.

In der Umsetzung sind die operativen Einheiten gefordert. Oft zeigen sich erst in der Umsetzung bei ganz konkreten Entscheidungen Widerstände und Vermeidungstendenzen der Mitarbeiter, die den Strategieprozess bisher nur desinteressiert beobachtet haben. Nach unserer Erfahrung läuft die Strategieumsetzung am besten als Portfolio von Projekten. Bei umfangreichen Strategieprojekten bietet sich das Aufsetzen einer Projektorganisation mit einem verantwortlichen Projektleiter und klaren Spielregeln an. Das heißt, es muss ein Projektteam, einen Steuerungsausschuss und einen klaren Projektauftrag geben, in dem Startpunkt, Zwischenziele, Endpunkt, Rahmenbedingungen, Ressourcen und ein laufender Soll-Ist-Vergleich festgeschrieben sind.

Bei der Umsetzung der Strategie ist es wichtig, so genannte Meilensteine zu setzen. Ein großes Ziel erreicht man in der Regel nicht mit einem gewaltigen Sprung, sondern mit vielen kleinen Schritten. Die Aufteilung der Umsetzung in Meilensteine stellt außerdem sicher, dass die Mitarbeiter nicht überfordert werden. Die Meilensteine sollten allerdings so gesetzt werden, dass die Mitarbeiter auch nicht unterfordert werden oder der Prozess den Beteiligten Zeit gibt, sich erneut in Komfortzonen einzurichten.

Das Projekt Strategieumsetzung hat die Aufgabe, die strategische Stoßrichtung in präzise Aktions- und Zeitpläne mit Verantwortlichen herunterzubrechen (wer macht was, mit wem, wann und wo?).

Zwischen-Check Cockpitstart

- Ist sich die Führungsmannschaft in Strategie und Umsetzung einig?
- Wurden Projektverantwortliche benannt?
- Werden die getroffenen strategischen Entscheidungen regelmäßig auf ihre Erfolge überprüft?
- Wurden Meilensteine gesetzt?
- Wird nach der Erreichung der Meilensteine über die nächsten Schritte entschieden?
- Wird die Reaktion des Wettbewerbs auf die Strategie laufend überprüft?
- Stimmen die der Strategie zugrunde liegenden Annahmen noch?

▶ **Tipp: Haben Sie Geduld**
Machen Sie sich keine Illusionen über die Zeit, die Sie für die Umsetzung Ihrer Strategie benötigen. Eine Strategie kann normalerweise in drei bis sechs Monaten erarbeitet werden. Die vollständige Umsetzung der Strategie und die Umstellung der

Organisation, der Systeme und der Mitarbeiter können mehrere Jahre dauern. Bis eine neue Kultur im gesamten Unternehmen verankert ist, können drei bis fünf Jahre vergehen. Das ist nicht weiter verwunderlich, wenn man bedenkt, dass eine Strategie keine kurzfristige Maßnahme ist, sondern eine Ausrichtung des Unternehmens auf die Zukunft. Lassen Sie sich nicht entmutigen.

Sechs Stellhebel der Strategieumsetzung

1. Strategiekommunikation
   - Kennen Mitarbeiter und Führungskräfte die neue Strategie?
   - Wird sie von allen verstanden?
   - Wird sie von allen als Leitidee für ihr Handeln im Sinne der Unternehmensziele akzeptiert?
2. Personal/Kompetenzen
   - Werden die Mitarbeiter den neuen Anforderungen gerecht?
   - Welche Veränderungen sind erforderlich?
3. Organisationsstruktur
   - Kennen die Mitarbeiter ihre persönliche Aufgabe?
   - Wissen die Mitarbeiter, wie sie künftig mit Kollegen zusammenarbeiten werden?
4. Anreizsysteme
   - Ist jeder Mitarbeiter motiviert?
   - Wird er in seiner jeweiligen Position und im Team die Strategie mit Nachdruck umsetzen?
5. Steuerung/Controlling
   - Werden die wichtigsten Werttreibergrößen, die entscheidend für die Umsetzung der Strategie sind, klar herausgearbeitet?
   - Werden sie in standardisierter Form ermittelt, systematisch überwacht und gesteuert?
6. Projektorganisation
   - Ist sichergestellt, dass die das Tagesgeschäft überlagernden und bereichsübergreifenden Maßnahmen abgearbeitet werden?
   - Wurde die Projektverantwortung klar delegiert?

Die ganze Umsetzung ruht auf dem Fundament Projektorganisation. Steuerung/Controlling, Anreizsysteme, Organisationsstruktur, Personal/Kompetenzen bilden die Säulen des Gebäudes, das nur vollständig ist, wenn Sie als Dach die Kommunikation aufsetzen. Damit sorgen Sie dafür, dass das gesamte Gebäude vom Geist der Strategie durchdrungen ist.

5.3.1   Mitarbeiter mitnehmen

Die Mitarbeiter spielen eine herausragende Rolle bei der Umsetzung der Strategie. Deshalb ist es so enorm wichtig, dass Sie Ihre strategischen Ziele auf die Bereichs-/Teamebene

Bereichskompetenzen	Erreichungsgrad		
	fehlt	vorhanden	exzellent
Bereichskompetenz 1	●		
Bereichskompetenz 2		●	
Bereichskompetenz n			●

Teamkompetenzen	Erreichungsgrad		
	fehlt	vorhanden	exzellent
Teamkompetenz 1	●		
Teamkompetenz 2			●
Teamkompetenz n		●	

Abb. 5.4   Beispiel einer Lückenanalyse

herunterbrechen und letztlich auf die persönlichen Ziele der einzelnen Mitarbeiter. Dafür sollten Sie die Kernkompetenzen auf diesen Ebenen konkretisieren. Im ersten Schritt ist es nötig, die Kernkompetenzen zu sammeln und zu benennen, die in einem Bereich oder einem Team benötigt werden, um die Strategie umzusetzen. Im zweiten Schritt sollten sie auf Einzelebene bewertet und auf Teamebene zusammengeführt werden. Wenn Sie dann die Bereichs- oder Teamkompetenzen nach Stärken und Schwächen gruppieren und priorisieren, können Sie die Lücken gezielt schließen (s. Abb. 5.4).

Der Bereichs-/Teamleiter sollte den Rahmen und die Einordnung der Team- und Einzelleistung im strategischen Kontext erläutern und mit den Mitarbeitern einen Maßnahmenplan erarbeiten. Im Vertrieb könnten das Maßnahmen zur Erhöhung der technischen Kompetenz der Mitarbeiter sein, zum Beispiel gezielte Produktschulungen oder Projektunterstützung in Entwicklungsprojekten. Die Maßnahmen sollten priorisiert und eine Zielvereinbarung geschlossen werden. Dieser Prozess muss dann in regelmäßigen Meetings verfolgt und reflektiert werden mit dem Ziel, Fortschritte und Ergebnisse zu diskutieren und ihren Einfluss auf den Wert oder die Kennzahl im Cockpit zu bestimmen.

Die Benennung der für den Umsetzungserfolg der Strategie kritischen Stellen ist einer der hauptsächlichen Erfolgsfaktoren. Ebenso wichtig ist es, dass die Stelleninhaber den künftigen Anforderungen gerecht werden beziehungsweise zu entscheiden, welche Maßnahmen oder Veränderungen notwendig sind, damit sie die Anforderungen erfüllen können. Von oberster Priorität ist die richtige Besetzung der Führungspositionen. Die Führungskräfte haben einen entscheidenden Einfluss auf die Auswahl und die Entwicklung der ihnen unterstellten Mitarbeiter. Außerdem müssen sie in der Lage sein, ihre Mitarbeiter auf die Ziele einzuschwören und die Abteilung im Sinne der strategischen Ausrichtung zu strukturieren. Die zweitwichtigste Gruppe sind die Mitarbeiter in den Schlüsselbereichen, die die angestrebten Kernkompetenzen des Unternehmens umsetzen müssen. Ein geeignetes Instrument, um die Fähigkeiten der Mitarbeiter im Sinne der Unternehmensstrategie zu fördern, ist das Teamkompetenzmodell. Strategien sind keine Selbstläufer. Sie brauchen Instrumente und Systeme, die Sie bei der Implementierung unterstützen, wie Managementplanungssysteme, IT, Personalmanagement, Finanzsysteme, leistungsorientierte Bezahlung, Anreizsysteme und selbstverständlich auch das Unternehmenscockpit. Natürlich ist auch die Entwicklung und Durchführung von Trainings ein entscheidender Faktor für die nachhaltige Implementierung der Strategie. Insbesondere die Themen Führungskompetenz, Change-Management, Coaching, Potenzialanalyse und -entwicklung, Kommunikation, Arbeitsmethodik, Weiterbildungskonzepte und der Aufbau einer internen Weiterbildungsakademie fallen in diesen Bereich. Erst wenn das ganze Unternehmen im Sinne der neuen Strategie entwickelt und trainiert wird, kann sichergestellt werden, dass eine nachhaltige Implementierung im Unternehmen erfolgt.

Exkurs: Qualifizierung

Weiterbildung und Qualifizierung der Mitarbeiter ist ein Dauerbrenner, dem allerdings in der Praxis selten die nötige Aufmerksamkeit gewidmet wird. Das viel geforderte lebenslange Lernen kann jedoch nur gelingen, wenn dafür die notwendigen Ressourcen zur Verfügung gestellt werden. Bei der Aufstellung der vier Perspektiven und der Kausalketten haben Sie gesehen, welchen Stellenwert der Mitarbeiter einnimmt. Ist er nicht kompetent oder motiviert, kann er langfristig den Unternehmenserfolg gefährden oder verhindern. Es ist Ihre Aufgabe als Unternehmer oder Führungskraft, dafür zu sorgen, dass Ihre Mitarbeiter über die Kompetenzen verfügen, die sie zur Erfüllung ihrer Aufgaben benötigen. Verlangt also die Umsetzung der Strategie neue Kompetenzen oder wird der Mitarbeiter den Anforderungen nicht gerecht, müssen Sie dafür sorgen, dass er die geforderten Kompetenzen erwerben kann oder ihn an einen Platz stellen, an dem seine vorhandenen Kompetenzen ausreichen. Manchmal stehen Mitarbeiter an einem Platz, an dem sie selbst herausragende Fähigkeiten nicht einsetzen können, weil sie dort nicht gebraucht werden. Finden Sie heraus, wo und wie Sie die Potenziale Ihrer Mitarbeiter optimal nutzen können.

Teamkompetenzmodell Wir möchten Ihnen mit dem Teamkompetenzmodell ein Instrument vorstellen, das Sie dabei unterstützt, die Mitarbeiterkompetenzen strategiekonform zu gestalten.

In der Unternehmensstrategie wurde festgelegt, welche Kompetenzen im Unternehmen benötigt werden, damit die Anforderungen der Zukunft gemeistert werden können. Kernkompetenzen entstehen häufig aus der Verbindung von technisch hochwertigem Wissen sowie den besonderen Fähigkeiten und Erfahrungen einer eingespielten Gruppe von Mitarbeitern. Die Fähigkeiten und Erfahrungen der einzelnen Teams müssen optimal ausgebaut werden. Das Teamkompetenzmodell hilft Ihnen dabei, aus den Kernkompetenzen und den strategischen Zielen des Unternehmens konkrete Pläne für die gezielte Weiterentwicklung der Teams abzuleiten. Ausschlaggebend sind fachliche, methodische und soziale Kompetenzen. Nach der Erfassung der Kompetenzfelder nimmt jeder Mitarbeiter der Gruppe eine Selbsteinschätzung vor, eventuell unter Einbeziehung einer Führungskraft. Er bewertet sein persönliches Kompetenzniveau. Dazu werden die einzelnen Kompetenzen auf einer Skala von eins bis drei oder höher bewertet:

1 = geringes Kompetenzniveau
2 = durchschnittliches Kompetenzniveau
3 = überdurchschnittliches Kompetenzniveau

In einer Kompetenzmatrix können Sie die Ergebnisse visualisieren. Jeder Mitarbeiter sollte in mindestens einem Punkt ein Niveau von 3 aufweisen. Indem man die einzelnen Profile übereinanderlegt, das heißt den Durchschnitt aus den Einzelwerten bildet, erhält man das Ist-Teamkompetenzprofil. Ein Durchschnittswert von 2 ist erwünscht. Das Modell zeigt auf diese Weise Lücken (unter 2) und Überqualifikationen (über 2,5). Damit lassen sich strategiekonforme Maßnahmen sowohl für das gesamte Team als auch für die einzelnen Mitarbeiter gezielt steuern.

Bedenken Sie: Das Teamkompetenzmodell ist kein starres Instrument. Sowohl die erforderlichen Kompetenzen als auch das Kompetenzniveau der Gruppe unterliegen starken Veränderungen und damit auch einem ständigen Anpassungsprozess. Mit dem Teamkompetenzmodell rückt die Überlegung in den Vordergrund: Was kann die Gruppe? Wie kann die Gruppe optimal gefördert werden?

▶ Wer einzeln arbeitet, addiert. Wer zusammenarbeitet, multipliziert.

Fahrt in bewegtem Wasser Den Prozess der Strategiebildung kann man als Trockenübung betrachten, die Umsetzung als Fahrt in bewegtem Wasser. Deshalb reicht es nicht aus, das Cockpit einmal als Werkzeug der Unternehmenssteuerung zu installieren. Auf der Mitarbeiterebene müssen vor allem die Strategie in den Köpfen und die Vision in den Herzen präsent sein. Nur dann engagieren sich die Mitarbeiter für die Umsetzung. Weil jede neue oder auch nur veränderte strategische Ausrichtung Konsequenzen für die Mitarbeiter, die Organisationsstruktur, die Prozesse und alles andere im Unternehmen hat, möchten wir Sie hier noch einmal daran erinnern, dass die Strategie nur umgesetzt wird, wenn Sie im Unternehmen verankert ist und gelebt wird. Dafür muss die Unternehmensführung sorgen, und sie wird dabei auf allerhand Widerstand stoßen.

▶ Jede Veränderung bewirkt Unsicherheit und steht im Widerspruch zum Wunsch nach Stabilität.

Organisationen sind gut darin, routinemäßige Aufgaben zu bewältigen. Mit Veränderung jeglicher Art tun sich Menschen und damit Organisationen schwer. Der Mensch zieht es vor, in seiner gewohnten Komfortzone zu verharren. Das zeigt sich schon daran, wie schwer es uns fällt, schlechte Gewohnheiten wie das Rauchen aufzugeben. Wenn wir uns vornehmen, zweimal in der Woche Sport zu treiben, dauert es etwa sechs Wochen, bis unser Gehirn begriffen hat, dass es eine gute Sache ist, die unser Wohlbefinden stärkt. Lassen wir den Sport in diesen ersten sechs Wochen auch nur einmal ausfallen, wird es sich gleich tausend Gründe überlegen, die uns dazu verführen, den Versuch ad acta zu legen. In Unternehmen hört man oft den Satz: „Das haben wir schon immer so gemacht".

Dahinter steckt nichts anderes als die Angst vor einer Veränderung, die uns aus unserer Komfortzone vertreibt. Führungskräfte müssen deshalb die Mitarbeiter für Veränderung begeistern und ihnen zeigen, dass die Veränderung positiv für das Unternehmen, aber auch für den Einzelnen ist. Deshalb haben Veränderungen, die lediglich auf kurzfristigen Kosteneinsparungsplänen beruhen, so geringe Chancen auf Erfolg. Sie haben die Ursachen der Wirkungen nicht gefunden und bleiben deshalb an der Oberfläche. Weshalb sollte sich jemand anstrengen, wenn er doch weiß, dass auf die eine kurzfristige Maßnahme die nächste folgen wird? Mit einer Strategie, die auf einer Vision basiert, halten Sie einen ungleich besseren Anreiz in der Hand.

▶ Ohne Mitarbeiter, ohne neues Denken und Handeln bleiben Strategien Papier und Kunden Potenziale.

Meistens gehen neue Strategien mit veränderten Werten, Leitbildern, einem neuen Führungsstil, neuen Ritualen und so weiter einher. Die Veränderungen berühren damit das innere, unsichtbare Gerüst des Unternehmens. Die strategische Neuausrichtung des Unternehmens führt zu einer völlig neuen Kultur. Gerade sie lässt sich in der Regel nur schwierig und langsam verändern. Deshalb wird sie oft zum Engpass der Strategieimplementierung. Aufgabe der Unternehmensspitze ist es daher, dieses Spannungsfeld optimal zu managen und die Kluft zwischen Realität und Vision nicht zu groß werden zu lassen. Bei der Umsetzung der Strategie ist auf ein ausgewogenes Tempo zu achten. Niemals darf zu viel, zu schnell, zu wenig oder zu langsam umgesetzt werden. Ansonsten baut sich bei den Mitarbeitern eine ablehnende Haltung auf, die nur sehr schwer wieder abgebaut werden kann.

Letzten Endes werden alle Arbeiten und Maßnahmen im Unternehmen von den Mitarbeitern durchgeführt. Damit die Strategieumsetzung nicht am Widerstand der Mitarbeiter scheitert, muss es gelingen, ihnen die strategischen Ziele und Maßnahmen so zu kommunizieren, dass Sinn und Wirksamkeit des Systems für sie sichtbar und spürbar werden. Deshalb müssen Unternehmensstrategie und Cockpit bis auf die kleinste Einheit im Unternehmen heruntergebrochen werden. Jede Abteilung, jedes Team, jede Gruppe, jeder Mitarbeiter muss für sich zwei Fragen klären:

1. Was bedeutet die Strategie des Hauses für unseren Bereich/unser Team/unsere Gruppe?
2. Wie können wir die erforderlichen Maßnahmen effizient umsetzen?

▶ Jeder Mitarbeiter muss wissen und verstehen, welchen Beitrag er zur effizienten Umsetzung der Unternehmensstrategie leisten kann.

5.3.2 Extra: Führung, Mitarbeiter und Unternehmenserfolg

Für uns ist es keine Frage, dass die Unternehmensführung den entscheidenden Anteil an der Leistungsbereitschaft, der Motivation der Mitarbeiter trägt. Wenn Sie sich die Ursache-Wirkungs-Zusammenhänge noch einmal anschauen, werden Sie sehen, dass die Mitarbeiter entscheidend zum Unternehmenserfolg beziehungsweise zur Steigerung des Unternehmenswerts beitragen. Sind die Mitarbeiter nicht motiviert, leiden Service und Qualität. Das bedeutet unzufriedene Kunden, die sich anderen Unternehmen zuwenden. Letztlich wird durch unzufriedene Mitarbeiter Unternehmenswert vernichtet. Der Führungskompetenz sollte unter diesem Aspekt höchste Aufmerksamkeit gewidmet werden.

„Jedes Unternehmen lebt von der Eigeninitiative seiner Mitarbeiter". (Volkmar Wywiol)

Viele Erfolgsbeispiele und zahlreiche Studien belegen, dass der Unternehmenserfolg entscheidend von der Motivation und dem Engagement der Mitarbeiter bestimmt wird. Leistung und Erfolg der Mitarbeiter wiederum hängen stark von der Unternehmens- und Führungskultur ab. Guten Führungskräften gelingt es, die Leistungsfähigkeit der Mitarbeiter und damit die Produktivität des Unternehmens überdurchschnittlich zu steigern. Wirksame Führung schafft ein Klima, in dem Mitarbeiter Spaß an der Leistung haben und bereit sind, ihr Bestes zu geben.

Führungskompetenz ist einerseits das Zauberwort, andererseits gilt Führung als Kernproblem moderner Organisationen. Ob es die Innovationslethargie großer Konzerne, die Selbstbedienungsmentalität von Managern oder die Motivationsdefizite bei Mitarbeitern sind – immer scheint es sich um Fehler in der Führung zu handeln. Doch es gibt auch Ausnahmen: Unternehmer und Führungskräfte, die ihre Mitarbeiter zu Höchstleistungen motivieren. Sie haben geschafft, was einen Vorgesetzten von einer echten Führungskraft unterscheidet: Die Mitarbeiter wollen ihnen folgen.

Manager und Leader   Wenn wir Führung als die Fähigkeit definieren, sowohl Manager als auch Leader zu sein, dann unterscheidet sich die sehr gute Führungskraft von der guten dadurch, dass sie beide Fähigkeiten gleichermaßen beherrscht und situativ anwenden kann. Es geht im Bereich Führung auf der emotionalen Ebene darum, durch Charakter und Persönlichkeit, Auftreten und Ausstrahlung wirksame „Führungs-Kraft" zu entwickeln. Das hat Auswirkung auf die Menschen, ihre Motivation und Stimmung, auf die Unternehmenskultur, die im Unternehmen herrschende Geisteshaltung und die Teambildung. Die Techniken und Instrumente im Managementbereich, also auf der sachlichen Ebene, wirken auf Projekte, Sachthemen, Aktionen, Ergebnisse und Produkte. Managen heißt also, fachlich und methodisch fit zu sein. Leadership bedeutet, das gelebte Wertesystem mit sozialer Kompetenz und Selbstkompetenz zu verbinden. Führung entfaltet sich, wenn eine ganzheitliche Führungspersönlichkeit von zwei weiteren Faktoren flankiert wird: einem konsistenten Führungsmodell und einer tragfähigen Vertrauenskultur.

Sich selbst führen können   Die eigene Persönlichkeit ist die Basis für alle Fähigkeiten und Techniken, die eine Führungskraft erlernen kann. Persönlichkeit heißt in diesem Zusammenhang, authentisch und echt sein. Dazu gehört zunächst, sich selbst zu begreifen, sich seiner selbst bewusst zu sein. „Führen heißt, sich selbst führen können" – das bedeutet vor allem die selbstkritische Reflexion der eigenen Verhaltensmuster. Erfolgreiche Führungskräfte haben den Mut, sich regelmäßig den Spiegel vorzuhalten, und verstecken sich nicht hinter Masken der Selbstbeweihräucherung oder Selbstüberschätzung. Führungskräfte, die authentisch sind und einem Wertesystem folgen, schaffen die Vertrauensbasis, die Führung erst möglich macht. Vertrauen, Offenheit und Kommunikation sind die Säulen, auf denen eine gute Führung ruht. Eine gute Führungskraft ist für die Mitarbeiter in allen Belangen ein Vorbild. Erfüllt sie diese Rolle nicht, indem sie zum Beispiel Vertrauensbrüche begeht oder Mitarbeiter geringschätzt, wird das nur schwer verziehen. Entscheidend ist in solchen Fällen, wie die Führungskraft mit dem Fehler umgeht, ob sie dazu steht und aktiv, für den Mitarbeiter sichtbar an einer Verbesserung arbeitet. Sachliche und fachliche Fehler werden viel eher verziehen als Fehler auf der emotionalen Ebene.

Führungskompetenz entwickeln Gute Führung kann man nicht lernen wie die Bedienung einer Maschine. Dafür spielt die eigene Persönlichkeit eine viel zu große Rolle. Allerdings kann man Kompetenzen entwickeln und Techniken lernen, die die tägliche Führungsarbeit unterstützen. Dazu zählen zum Beispiel Kommunikationsmethoden und -techniken wie „aktives Zuhören", Feedbackkultur, Mitarbeiter- und Zielvereinbarungsgespräche. Führen ist die Verbindung von Eigenschaften und Fähigkeiten, die – gezielt trainiert – Sicherheit im Führungsalltag geben. In ihrer Gesamtheit können sie jedoch kaum von außen gelehrt werden. In den Führungsseminaren von Weissman & Cie. geht es deshalb in erster Linie darum, Führungskräfte dabei zu unterstützen, sich selbst besser kennenzulernen, und ihnen Instrumente an die Hand zu geben, mit denen sie ihre verschiedenen Rollen als Vorbild, Anführer und Entwickler besser bewältigen können.

Das Idealbild der Führungskraft gibt es nicht. Unter dem Titel „Erfolgreiche Führung gegen alle Regeln" beschreibt eine Gallup-Studie, dass erfolgreiche Führungskräfte auf den ersten Blick kaum etwas gemeinsam haben. Sie sind völlig unterschiedliche Persönlichkeiten, die ihre Ziele auf unterschiedliche Weise verfolgen. Sie haben nur eine Gemeinsamkeit: Sie verfügen über die Kompetenz, wertvolle Mitarbeiter zu gewinnen, zu halten und zu fördern. Sie haben einen eigenen Stil, den sie flexibel den Gegebenheiten, der Organisation und den Menschen anpassen können.

Voraussetzungen für erfolgreiches Führen

- Glaubwürdigkeit durch ein stabiles Wertesystem,
- Bereitschaft zur Selbstreflexion,
- Begeisterungsfähigkeit in Verbindung mit einer positiven Lebenseinstellung,
- Belastbarkeit und daraus resultierende Gelassenheit,
- Talententdecker und Entwickler sein, damit die Mitarbeiter wachsen,
- Mut und Zielklarheit,
- Durchsetzungskraft verbunden mit nachvollziehbaren Entscheidungen,
- Wertschätzender, respektvoller Umgang unter Druck,
- Kommunikations- und Feedbackfähigkeit,
- kreative Problemlösungsfähigkeit.

5.3.3   Die Organisation muss sich ändern

Eine neue Strategie ist für das Unternehmen, seine Organisation, seine Führung und seine Mitarbeiter der Aufbruch in eine neue Zukunft. Dafür reicht es nicht, dass sich die Mitarbeiter ändern – die Führung und die gesamte Organisation müssen es ebenfalls tun.

„Wir arbeiten in Strukturen von gestern mit Methoden von heute an Problemen von morgen vorwiegend mit Menschen, die Strukturen von gestern gebaut haben und das Morgen innerhalb der Organisation nicht mehr erleben werden". (Kurt Bleicher)

Nach dem Grundsatz „structure follows strategy" sind Organisationen ein wichtiges Mittel der Strategie und nicht Selbstzweck: Durch bestimmte Regeln müssen sie die Energien der Mitarbeiter in die richtige Richtung lenken. Dabei gibt es keine Patentlösungen, keine universell richtige Organisationsform. Man könnte eher von der passenden Struktur sprechen. Was passend ist, richtet sich nach Faktoren wie Branche, Industrie, Markt- und Wettbewerbssituation und den spezifischen Stärken und Schwächen des Unternehmens. Grundanforderungen an die Organisation sind:

- einfache und klar strukturierte Verantwortungsbereiche (Unternehmen von Unternehmern),
- Ausrichtung an den geschäftsspezifischen Engpässen,
- klare, aber flexible Berichtswege (Netzwerkgedanke).

Strukturen zu verändern, heißt nicht nur, neue Organigramme zu zeichnen, sondern die Regeln zu verändern, die eine Umsetzung der Strategie behindern. Um das zu erreichen, sollten Sie sich folgende Fragen stellen:

- Sind die veränderten Teilaufgaben jedes Einzelnen klar?
- Ist sichergestellt, dass die Beteiligten erfolgsorientiert zusammenarbeiten können?
- Welche neuen Aufgaben werden notwendig, welche fallen weg oder können durch Externe erledigt werden?
- Welche neuen Spielregeln sind erforderlich?
- Welche Entscheidungsfreiheiten sollen die einzelnen Einheiten haben, um unternehmerisch, aber im Sinne des Gesamtunternehmens zu handeln?
- Wie verändern sich die Rollen und Stellenbeschreibungen?

Im Normalfall hat sich eine schrittweise Weiterentwicklung der Organisation im Gleichklang mit der Geschäftsentwicklung bewährt. Bei großen strategischen Neuerungen sind jedoch grundlegende Veränderungen notwendig. Große strategische Umwälzungen entstehen, wenn sich der Geschäftsschwerpunkt stark ändert, oder durch tiefgreifende Änderungen auf den Märkten und/oder in der Wettbewerbsstruktur.

Neben der Organisationsstruktur müssen bei der Umsetzung einer neuen Strategie auch die Anreizsysteme Veränderungen erfahren, denn die Einstellung und Motivation der Mitarbeiter ist durch Bewertungs- und Entlohnungssysteme beeinflussbar. Deshalb muss klar sein, welche Ziele die Mitarbeiter erreichen sollen und was dabei für sie herauskommt. Entsprechende Anreiz- und Beurteilungssysteme können Mitarbeiter dazu motivieren, die auf ihren Arbeitsbereich anfallenden Maßnahmen mit Nachdruck voranzutreiben. Dabei sind wertorientierte Anreizsysteme auf dem Vormarsch. Die erfolgreiche Strategieumsetzung drückt sich in einer Wertsteigerung aus. Die Ermittlung der Wertbeiträge ist meistens bis auf Geschäftsfeldebene möglich. Die darunterliegenden Bereiche können an ihren Beiträgen zur Unternehmensentwicklung gemessen werden, also zu Unternehmenswachstum, Kostensenkung oder Verminderung des Kapitaleinsatzes. Die individuelle Arbeitsleistung wird aufgrund von qualitativen und quantitativen Kriterien gewürdigt und beurteilt. Wertorientierte Anreizsysteme zur möglichst gerechten Kopplung von Unternehmenswertsteigerung und individueller Einkommensentwicklung gibt es viele, zum Beispiel Optionsmodelle, direkten Aktienerwerb, variable Vergütungssysteme und vieles mehr. Vor allem bei Führungskräften sollte die Vergütung so gestaltet werden, dass ein Interesse an einer langfristigen Bindung an das Unternehmen besteht.

5.3.4   Kommunikation ist mehr als Information

Die Kennzahlen sind aus der Verdichtung Ihrer strategischen Aussagen entstanden, die Sie auf der Basis Ihrer Vision entwickelt haben. Jetzt geht es darum, die gesetzten Ziele zu erreichen. Dazu brauchen Sie die Mitarbeiter, und zwar jeden einzelnen bis zu dem im Lager oder an der Maschine. Das setzt voraus, dass die Mitarbeiter über die Strategie Bescheid wissen und sie mittragen. Eine Strategie kann nur erfolgreich sein, wenn sie von allen Mitarbeitern verstanden und als Leitidee für ihr Handeln im Sinne der Unternehmensziele akzeptiert wird. Der typische Fehler bei der Strategieentwicklung ist, sie als „geheime Kommandosache" zu betrachten. Die Mitarbeiter werden dann spät oder ungenau über die Resultate des Strategieprozesses informiert. Natürlich sind sie dann auch nicht in der Lage, die Strategie umzusetzen.

▶ Eine Strategie muss eine nachhaltige Veränderung in den Köpfen und Herzen bewirken. Sie kann nicht verordnet werden.

Ab einer gewissen Unternehmensgröße können jedoch nicht mehr alle Mitarbeiter direkt in den Strategieprozess eingebunden werden. Deshalb ist es in diesen Fällen unabdingbar, den gesamten Prozess von der Entwicklung bis zur Umsetzung mit einer entsprechenden Kommunikationsstrategie zu begleiten. Auch in kleineren Unternehmen sollten die Strategieentwicklung und -umsetzung durch Kommunikationsmaßnahmen unterstützt werden. Eine intelligente Kommunikation kann als Katalysator wirken.

„Gesagt ist noch nicht gehört, gehört ist noch nicht verstanden, verstanden ist noch nicht einverstanden, einverstanden ist noch nicht umgesetzt, und umgesetzt ist noch nicht beibehalten". (Konrad Lorenz)

Kommunikation sollte nicht aus einzelnen Maßnahmen bestehen, die mehr oder weniger zufällig entstehen, sondern auf einer durchdachten Strategie basieren. Das heißt, sie sollte für das jeweilige Unternehmen maßgeschneidert werden. Folgende Überlegungen stehen am Anfang:

- Wer ist im Unternehmen für die Umsetzung der Kommunikationsstrategie verantwortlich?
- Wer sind die Hauptzielgruppen, wer die Nebenempfänger?
- Auf welchem Wissensstand befinden sich die Zielgruppen?
- Was bewegt ihre Gemüter momentan?
- Wie können sie für die Umsetzung der Strategie gewonnen werden?
- Gibt es unter ihnen Meinungsbildner, die die Kommunikation unterstützen können, und wie kann man sie erreichen?
- Welche Medien eignen sich für welche Zielgruppe?

In kleineren Unternehmen, in denen alle Mitarbeiter in die Strategieentwicklung eingebunden werden konnten, ist keine große Kommunikationsstrategie nötig, aber auch hier sollte man sich überlegen, wie man „dranbleiben" kann. Im operativen Geschäft geraten Strategien und ihre Umsetzung oft schnell und unbemerkt aus dem Blick. Plötzlich ist das Tagesgeschäft wieder wichtiger als die langfristige Perspektive. Ein absolutes Muss sind in allen Unternehmen, die sich in Strategieentwicklung und -umsetzung befinden, regelmäßige Meetings des Führungskreises. Sie sind notwendig, um sich immer wieder klarzumachen, worum es geht und wohin man will. Während der Umsetzungsphase ist es vor allem anfangs – wenn sich Veränderungen noch nicht eingespielt haben – wichtig, immer wieder zu prüfen, ob die Umsetzung planmäßig läuft und die erwarteten Ergebnisse und selbst gesetzten Zwischenziele erreicht werden. Auf Mitarbeiterebene sollte auch in kleineren Unternehmen immer wieder über den Fortschritt der Umsetzung berichtet werden, und zwar aus verschiedenen Blickwinkeln unter Einbeziehung möglichst aller Bereiche oder Teams. Wer sich wichtig fühlt oder gar Vorbild ist, strengt sich mehr an.

Beispiel: Kommunikation mit Meilensteinen

In einem Unternehmen mit 150 Mitarbeitern wurden die Strategieentwicklung und -umsetzung mit einer Kommunikation begleitet, die auf der Umsetzung der einzelnen Meilensteine basierte. Das Unternehmen hatte zehn Meilensteine entwickelt, die innerhalb eines Jahres erreicht werden sollten. Im Foyer des Unternehmens hing eine große Karte, auf der auf einer Zeitschiene die einzelnen Meilensteine eingetragen und erläutert waren. Über der Zeitschiene gab es Fotos von verschiedenen Mitarbeitern oder Teams, die etwas besonders Positives oder Außergewöhnliches zur Erreichung der Zwischenziele beigetragen hatten. Jeder, der sich besonders einsetzte, hatte die Chance, sein Bild auf der Karte zu sehen, versehen mit einigen erklärenden Worten zu seinem Beitrag. Zusätzlich wurden jedes Mal, wenn das Strategiekomitee einen Meilenstein als erreicht betrachtete, 1.000 € an ein gemeinnütziges Projekt überwiesen. In diesem Fall war es die Jugendarbeit des örtlichen Sportvereins. Dafür hatte sich die Mehrheit der Mitarbeiter in einer Abstimmung entschieden.

Die meisten Mitarbeiter unterstützten die Umsetzung der Strategie, weil man nicht nur persönliche Lorbeeren erhielt, sondern auch das Ansehen des gesamten Unternehmens und seiner Belegschaft in der Gemeinde stieg.

Bei der tatsächlichen Umsetzung einer Kommunikationsstrategie sind Ihrer Fantasie also keine Grenzen gesetzt, doch achten Sie darauf, dass Sie alle Mitarbeiter erreichen, die Sprache Ihrer jeweiligen Zielgruppe sprechen und geplant vorgehen. Entwerfen Sie ein integriertes Kommunikationskonzept. Es gibt Unternehmen, die sogar Facebook oder YouTube für ihre Strategiekommunikation nutzen. Hier sollten Sie allerdings überlegen, ob Sie diese Form der Öffentlichkeit wirklich tragen möchten und können. Die Nutzung sozialer Netzwerke basiert auf dem Dialog. Dafür braucht man jemanden, der sich damit auskennt und die nötige Zeit aufwenden kann.

Einige Grundregeln für erfolgreiche Kommunikation lassen sich aufstellen:

- Führen Sie möglichst keine reinen Informationsveranstaltungen durch. Bieten Sie die Möglichkeit zum Dialog, zum Beispiel indem die Teilnehmer nach einem Vortrag oder einer Präsentation Fragen stellen dürfen oder Diskussionen in kleinen Gruppen angeboten werden. Deren Ergebnisse können später im Plenum präsentiert werden.
- Strategie und Kommunikation sind Aufgabe der Unternehmensführung. Sorgen Sie dafür, dass die Unternehmensführung bei Veranstaltungen vertreten ist und sich aktiv beteiligt.
- Kommunizieren Sie regelmäßig.
- Halten Sie Kontakt mit den Mitarbeitern. Stellen und beantworten Sie Fragen. Das kann zum Beispiel in Veranstaltungen, bei Bereichsbesuchen, per E-Mail oder Fragestunde geschehen. Durch den direkten Kontakt bekommen Sie ein Bild von der Stimmung an der Basis.
- Achten Sie darauf, dass Ihre Kommunikation mit Ihrem Handeln übereinstimmt (walk the talk).
- Halten Sie das Interesse an der Umsetzung über mehrere Schienen wach: Mitarbeiterzeitung, Intranet, Aushänge, Gespräche etc.
- Nutzen Sie alle Wege der Kommunikation wie Trainingsprogramme, Beurteilungsgespräche oder Routinebesprechungen.
- Scheuen Sie sich nicht, ein Thema mehrmals auf die Agenda zu setzen oder es unter verschiedenen Aspekten zu betrachten. Der Mensch lernt durch Wiederholung.
- Vergessen Sie die Gefühle nicht. Sachliche Information alleine hat weniger Wirkung als Geschichten, die das Herz erreichen. Die PowerPoint-Präsentation ist nicht immer die richtige Form. Suchen Sie nach Geschichten im Unternehmen.
- Setzen Sie externe Kommunikationsprofis ein, wenn Sie keine im Unternehmen haben. Das muss nicht unbedingt teuer sein. Kommunikation, die niemanden interessiert, kommt Sie teurer.

Und noch ein Tipp: Die Aufmerksamkeit der meisten Menschen erlahmt bei Vorträgen nach etwa zwölf Minuten. Wenn Sie zu diesem Zeitpunkt etwas Spannendes, Ungewöhnliches oder Witziges einbauen, schaffen sie es auch 20 Minuten. Dann ist aber endgültig Schluss. Gestalten Sie also Kommunikation via Vortrag möglichst abwechslungsreich.

▶ Kaplan und Norton schreiben in ihrem Buch „Balanced Scorecard: Strategien erfolgreich umsetzen": „Die Kommunikation mit Mitarbeitern über die Vision und Strategie sollte als interne Marketing-Kampagne betrachtet werden. Die Ziele einer solchen Kampagne sind identisch mit denen eines traditionellen Marketingfeldzuges: Bewusstsein schaffen und Verhalten beeinflussen".

5.3.5 Warum Strategieumsetzungen scheitern

Erfahrene Unternehmensberater und Wissenschaftler gehen davon aus, dass die meisten Unternehmen nicht bei der Strategieentwicklung scheitern, sondern bei der Strategieumsetzung. Es braucht dafür einen langen Atem und Konsequenz. Nichts ist schwieriger, als Veränderungen durchzusetzen beziehungsweise andere für Veränderungen zu gewinnen.

Unserer Erfahrung nach sind die meisten Gründe für das Scheitern der Strategieumsetzung intern zu suchen. Ein typischer Fehler ist, dass das Tagesgeschäft die Oberhand gewinnt. Das passiert sehr schnell, wenn es handwerkliche Fehler in der Projektorganisation und im Strategiecontrolling gibt. Auch uneinige Führungskräfte sind ein Killerfaktor, denn Uneinigkeit führt zu faulen Kompromissen, die eigentlich niemand will und die deshalb nur halbherzig umgesetzt werden. Manchmal bleibt die Strategie auch im „Unverbindlichen" und es ist nicht klar, was eigentlich umzusetzen ist. Die Ziele sind zu pauschal und nicht richtungweisend. Wenn Mitarbeiter die Strategie nicht kennen, sie nicht verstehen oder sich nicht mit ihr identifizieren können, ist die Umsetzung zum Scheitern verurteilt. Manchmal haben Mitarbeiter auch alles verstanden und sind begeistert. Doch wenn die Strategie zu starr umgesetzt wird und nach Veränderungen im Markt oder Wettbewerb an der Realität vorbeigeht, resignieren Mitarbeiter schnell und geben bei der Umsetzung auf. Ein weiterer Fehler ist es, die Strategie nicht mit den Zielvorgaben der Mitarbeiter zu verknüpfen. Ein klassisches Beispiel ist, dass die Beurteilungs- und Anreizsysteme nicht an strategisch relevante Ziele geknüpft werden, sondern an kurzfristigen Finanzzielen festgemacht werden. In manchen Unternehmen fließt die Strategie nicht in die Finanzplanung und Ressourcenzuteilung ein. So werden zum Beispiel Budgets nicht aus den strategischen Zielen abgeleitet.

Zwischen-Check Cockpitstart:

- Kennen die Mitarbeiter die neue Strategie und unterstützen sie sie?
- Wurden alle Mitarbeiter ausreichend über den Start des Cockpits informiert?

- Wissen die Mitarbeiter über den Nutzen des Cockpits Bescheid?
- Stehen alle Führungskräfte hinter dem Cockpit?
- Haben Sie für eine umfassende Cockpitkommunikation gesorgt?
- Kennen die Mitarbeiter die Vorteile, die das Cockpit ihnen persönlich bringt?
- Wurden die Organisationsstrukturen und die Anreizsysteme angepasst?
- Werden die Kompetenzen der Mitarbeiter entsprechend weiterentwickelt?

5.4 Stolpersteine in der Cockpitentwicklung

Die Entwicklung eines Cockpits ist eine anspruchsvolle Aufgabe. Und wie bei allen Dingen, die man zum ersten Mal macht, gibt es auch dabei Stolpersteine. Damit Ihr Cockpit keine Enttäuschung wird und Sie seine Vorteile vollständig nutzen können, machen wir Sie auf die fünf Stolpersteine aufmerksam, damit Sie sie erkennen und vermeiden können.

5.4.1 Stolperstein 1: Unvollständige Strategie

Eine der wichtigsten Voraussetzungen für den Erfolg des Cockpits ist das Bestehen einer klar fixierten Strategie. Nur wenn aus Ihrer Strategie hervorgeht, welche Kernkompetenzen das Unternehmen hat und braucht, welche Wettbewerbsvorteile und Geschäftsfelder es belegt und in der Zukunft belegen wird, wie seine Wertschöpfungskette künftig aussieht und wie seine Werttreiber Wachstum, Rendite und Risiko belegt sind, ist die Ableitung eines Cockpits möglich.

Doch die Praxis sieht leider oft anders aus. Häufig wird die Strategie nur unvollständig ausgearbeitet. Diese Mängel kommen bei der Entwicklung des Cockpits mit Sicherheit ans Licht. Wie Sie es auch drehen und wenden: Ohne vollständige Strategie lässt sich das Cockpit nicht erstellen. Die Folge sind unzählige Strategiemeetings und endlose Diskussionen. Es ist nötig, über die Strategie zu diskutieren – auch wenn das Cockpit steht, muss man sie immer wieder überprüfen oder in Frage stellen –, doch die grundsätzliche Strategie sollten Sie diskutieren und entwickeln, bevor Sie an das Cockpit gehen. Sie sparen dadurch viel Zeit und Ressourcen.

5.4.2 Stolperstein 2: Falsche Erwartungen

Viele Unternehmen gehen mit falschen Erwartungen an die Entwicklung des Cockpits heran. Der weit verbreitete Glaube, ein Cockpit ließe sich nebenbei mitentwickeln, ist ein Irrtum. Nur weil es einfach und übersichtlich aufgebaut ist, heißt das noch lange nicht, dass die Entwicklung keinen großen Aufwand darstellt. Ganz im Gegenteil. Was am Ende so einfach und gut verständlich ist, fordert am Anfang eine extrem genaue und sorgfältige

Arbeit. Nehmen Sie sich daher genug Zeit für den Aufbau des Cockpits. Investieren Sie lieber einen Tag mehr in die Diskussion, ob es sich um die richtige Kennzahl handelt, wie sie definiert werden soll und wo Sie die relevanten Informationen herbekommen. Und opfern Sie, wenn es sein muss, gleich noch einen Tag mehr, wenn es darum geht, die Ursache-Wirkungs-Ketten logisch nachvollziehbar zu erarbeiten und sprachlich präzise zu formulieren. Die Entwicklung eines Cockpits ist keine Kreativarbeit, sondern eine schweißtreibende Detailarbeit. Nur so kann Ihr Cockpit funktionieren. Unsere Erfahrung zeigt: Halbherzige Vorbereitungen führen zu halbherzigen Ergebnissen. Und das bedeutet das Aus für Ihr Cockpit noch bevor Sie abheben können.

5.4.3 Stolperstein 3: Unzureichende Umsetzung durch das Führungsteam

Der Erfolg Ihres Cockpits hängt in hohem Maße davon ab, ob die obersten Führungskräfte des Unternehmens hinter dem Projekt stehen. Nur wenn die Geschäftsführung die Entwicklung und Einführung des Cockpits unterstützt, wird es die Akzeptanz im Unternehmen bekommen, die erforderlich ist, um es nachhaltig zu implementieren. Ihr Ziel muss es sein, Ihren Führungskräften den Nutzen des Cockpits nahezubringen und jegliche Widerstände abzubauen, und zwar durch Überzeugung, nicht durch Befehle. Sie müssen als Führungsmannschaft an einem Strang ziehen. Wenn das nicht gelingt, steht es schlecht um Ihr Cockpit.

5.4.4 Stolperstein 4: Übertriebener Perfektionismus

Erwarten Sie nicht, dass Ihr Cockpit gleich zu Beginn perfekt ist. Das wäre vermessen. Gerade am Anfang werden Sie feststellen, dass Sie noch viel an Ihrem Strategieinstrument feilen müssen. Vielleicht müssen Sie Ihre Ursache-Wirkungs-Zusammenhänge noch einmal überarbeiten, oder in Ihrer Operationalisierungstabelle sind noch Lücken, weil Sie zum Teil noch keine Soll- oder sogar Ist-Größen haben oder weil Ihnen schlicht die Daten zur Erhebung fehlen. Übertriebener Perfektionismus bringt Sie jedoch an dieser Stelle nicht weiter. Starten Sie mit der ersten, noch unperfekten Fassung, bevor Sie gar nicht starten. Sie werden sehen, dass Sie im Laufe der Zeit an Erfahrung im Umgang mit dem Cockpit gewinnen und es immer feiner und genauer justieren können. Ein Cockpit ist ein lernendes System, das mit zunehmender Anwendung immer intelligenter wird. Natürlich kann es passieren, dass Sie nach einem Jahr feststellen, dass Sie Kennzahlen austauschen müssen, um effektivere Ergebnisse zu erhalten – na und? Besser, als mit denen weiterzumachen, die nicht adäquat sind. Lassen Sie sich nicht entmutigen: Ihr System lernt durch Ihre Erfahrung und wird stetig besser.

5.4.5 Stolperstein 5: Quantität statt Qualität

Wir haben es immer wieder geschrieben: Weniger ist mehr. Beschränken Sie sich in Ihrem Cockpit am Anfang auf 20 bis 25 Kennzahlen. Das fällt schwer, denn gerade in der Startphase möchten Unternehmen gerne noch die eine oder andere Zahl mitnehmen, weil sie hart erarbeitet wurde oder weil man sie für unverzichtbar hält. Im Laufe der Zeit reduziert sich diese Anzahl meist von alleine auf das Idealmaß. Sollten Sie jedoch langfristig mit mehr Kennzahlen arbeiten, werden Sie feststellen, dass die Komplexität stark zunimmt, die Übersichtlichkeit schwindet und die Strategie nicht mehr klar darstellbar ist. Ihr Cockpit ist dann zum Scheitern verurteilt.

Auch wenn die Hürden mitunter groß erscheinen, sollten Sie sich nicht davon abbringen lassen, neue Wege zu gehen und Ihr Unternehmen in eine erfolgreiche Zukunft zu führen. Widerstände sind dazu da, überwunden zu werden.

„Wer Neuerungen einführen will, hat alle zu Feinden, die aus der alten Ordnung Nutzen ziehen, und hat nur lasche Verteidiger an all denen, die von der neuen Ordnung Vorteile hätten". (Niccolò Machiavelli)

Literatur

Weissman, Arnold. 2011. *Die großen Strategien für den Mittelstand*. New York: Campus Verlag.

Weiterführende Literatur

Copeland, Tom, Tim Kollert, und Jack Murrin. 1998. *Unternehmenswert, 2. Aufl*. New York: Campus Verlag.
Kaplan, Robert S., und David P. Norton. 1997. *Balanced Scorecard: Strategien erfolgreich umsetzen*. Stuttgart: Schäffer-Poeschel Verlag.
Scheffler, Eberhard. 2010. *Die 115 wichtigsten Finanzkennzahlen*. München: Verlag C. H. Beck.

Krisenprävention mit dem Cockpit $\qquad$ 6

Wir haben Ihnen gezeigt, unter welchen Voraussetzungen ein Cockpit aufgebaut werden sollte, wie man damit arbeitet und welche Vorteile es für das Unternehmen bringt. Der wichtigste Vorteil ist, dass Sie jederzeit ein Instrument an der Hand haben, das Ihnen zeigt, was in Ihrem Unternehmen vor sich geht. Sie erkennen mit dem Cockpit frühzeitig, wo es Probleme gibt, die Sie lösen sollten, und auch, wo sie ihren Ursprung haben. Außerdem ermöglicht Ihnen das Cockpit mittels Szenarien einen Blick in die Zukunft. Sie können erkennen und errechnen, welche Ihrer Maßnahmen welche Wirkungen haben werden. Das Cockpit ist ein Instrument der Unternehmensführung und -steuerung. Da ist es naheliegend, es auch als Instrument zur Krisenprävention und zum Risikomanagement einzusetzen. Krise und Risiken hängen eng zusammen. Eine Unternehmenskrise ist nichts anderes als das Ergebnis nicht erkannter Risiken. Eine wertorientierte Unternehmensführung darf sich, wie wir bereits mehrfach betont haben, nicht nur auf Wachstum und Rendite konzentrieren, sondern muss auch die Risiken in Betracht ziehen. Nur wenn alle drei Werttreiber im Gleichgewicht sind, wird das Unternehmen nachhaltig Erfolg haben. In einem sorgfältig aufgebauten Cockpit sind auch die Risiken abgebildet. Die größten Risiken für Unternehmen sind mangelnde Liquidität und zu wenig Eigenkapital. In der Finanz- und Wirtschaftskrise 2008/2009 hat sich gezeigt, dass Unternehmen, die über eine zu geringe Liquidität und zu wenig Eigenkapital verfügten, weit schneller am Ende waren als diejenigen, die diese Risiken im Griff hatten. Deshalb ist das einfachste und wichtigstes Gesetz zur Risikoabsicherung: „Cash is King".

In diesem Kapitel tauchen wir mit Ihnen etwas tiefer in das Wesen von Unternehmenskrisen und das Risikomanagement ein. Es gilt zwar „Cash is King", doch gibt es zahlreiche Ursachen dafür, wenn dieses Prinzip in Unternehmen verletzt wird. Solange Sie die Ursachen nicht verstehen, werden Sie immer hilflos vor deren Auswirkungen stehen. Man kann übrigens noch etwas Allgemeingültiges über Unternehmenskrisen sagen: Unternehmenskrisen sind stets auch Strategie- und Führungskrisen. Viele von Ihnen werden jetzt bestimmt darauf hinweisen, dass Unternehmenskrisen von externen Ereignissen hervorgerufen werden, und als Beispiel die letzte Finanz- und Wirtschaftskrise heranziehen. Natürlich beeinflussen externe Ereignisse Ihr Unternehmen und seine Entwicklung. Aber ist

A. Weissman et al., *Das Unternehmenscockpit,*
DOI 10.1007/978-3-8349-4127-5_6, © Gabler Verlag | Springer Fachmedien Wiesbaden 2012

es nicht Aufgabe einer nachhaltigen Unternehmensführung, auf solche Einflüsse vorbereitet zu sein und rechtzeitig zu reagieren? Die Krise 2008 kam nicht aus heiterem Himmel.
Sie hat sich lange vorher angekündigt. Die Immobilienblase in den USA hatte sich schon
seit Jahren aufgebaut. Die Insolvenz zahlreicher Immobilienbesitzer war absehbar, und
man konnte sich durchaus ausrechnen, was in etwa passieren würde, wenn die Immobi-
lienpreise fallen und Kredite platzen würden. Jetzt werden Sie vielleicht einwenden, das sei
wirklich kompliziert und nicht für jeden ersichtlich gewesen gewesen. Dann erlauben Sie
uns die Frage, weshalb es dann auch während dieser Krise zahlreiche Unternehmen gab,
die gestärkt aus der Krise hervorgingen, und andere, die Insolvenz anmelden mussten?
Die einen hatten ihre Risiken im Griff, die anderen nicht. Die einen hatten ihre Liquidität
im Auge, die anderen nicht. Die einen hatten straffe Prozesse, variable Kosten und kurze
Reaktionszeiten, die anderen schleppten Ballast mit sich herum und reagierten erst, als es
bereits zu spät war.

6.1   Unternehmenskrisen sind hausgemacht

Es ist menschlich und verständlich, wenn die Gründe für eine Unternehmenskrise erst
einmal in externen Einflüssen gesucht werden. Doch die externen Einflüsse sind in der
Regel lediglich Katalysatoren, die interne Versäumnisse ans Licht bringen. Nehmen wir als
Beispiel den Maschinenbau Mitte der 1990er-Jahre. Viele Unternehmen gerieten in Schief-
lage. Was war passiert? Im Grunde dasselbe, was sich jetzt in Bezug auf den Wettbewerb
durch die Schwellenländer wie China und Indien abzeichnet. Die deutschen Maschinen-
bauer ruhten sich auf ihren Lorbeeren aus, die da hießen „Made in Germany". Italiener
oder Spanier wurden nicht als ernstzunehmende Konkurrenz betrachtet. Qualität konnten
nur die Deutschen bieten, dachten die Deutschen. Doch in ihrer Selbstzufriedenheit hatten
sie gar nicht mitbekommen, dass sich die Italiener und Spanier weiterentwickelt hatten
und besonders die Italiener sehr wohl ernsthafte Konkurrenten auf den Weltmärkten geworden waren, zumal sie auch noch billiger produzierten und infolgedessen attraktivere Preise anbieten konnten. Das Gejammer über die Krise war laut. Mitleid war fehl am
Platz. Der deutsche Maschinenbau hatte seine Not selbst verursacht. Statt Innovationen zu
fördern, Prozesse zu optimieren und die Qualität zu erhöhen, hatte man es nicht einmal
für nötig befunden, einen funktionierenden Vertrieb aufzubauen. Schließlich waren die
Kunden jahrelang von selbst gekommen. Jetzt kam die Quittung. Viele Kunden bestellten
bei den Italienern, die eine ähnliche Qualität, attraktivere Preise und kürzere Lieferzeiten
vorzuweisen hatten und überdies ein intensives Marketing betrieben. Die Deutschen waren von der Krise überrascht worden – aber nur, weil sie ihren Markt und den Wettbewerb
nicht beobachteten. Ihre Arroganz wurde ihnen zum Verhängnis.

Ein weiteres Beispiel ist die Krise Anfang des neuen Jahrtausends, als der Neue Markt
zusammenbrach. Gier hatte dazu geführt, dass Unternehmen, die auf riesigen Bergen von
Schulden saßen und noch nie auch nur den geringsten Gewinn gemacht hatten, teilweise einen höheren Wert hatten als Unternehmen, die solide Gewinne ausweisen konnten

und hinter denen reale Werte standen. Gier führte dazu, dass in Versprechungen investiert wurde statt in reale Werte und Erfolge. Eine Blase, die ebenso platzte wie die amerikanische Immobilienblase 2008. Doch auch dahinter steckte kein Schicksalsschlag, sondern eine vorhersehbare Entwicklung.

Wenn Unternehmen in Krisen geraten, manifestieren sich die Ursachen schon lange vorher in Zahlen. Das beweist unter anderem eine Untersuchung der Deutschen Bundesbank, die auf Basis von 2.651 Insolvenzfällen analysierte, welche Jahresabschlusskennzahlen Indikatoren für eine Insolvenz waren:

- In 63 % der Konkursfälle lag die Kapitalrückflussquote unter 4 %.
- In 68 % der Konkursfälle lag die Umsatzrendite unter 1 %.
- In 71 % der Konkursfälle lag die Cashflow-Marge unter 2 %.
- In 85 % der Konkursfälle lag der dynamische Verschuldungsgrad über 6,25 %.

Eine Vielzahl von Unternehmen kann also vor dem Aus bewahrt werden, wenn rechtzeitig und konsequent Krisenursachen beziehungsweise Schwachstellen erkannt und Präventionsmaßnahmen ergriffen werden. Das Unternehmenscockpit ist dabei ein unerlässlicher Helfer. Doch die richtigen Maßnahmen zu ergreifen, obliegt der Unternehmensführung. Wachsamkeit, Vorausschau und Flexibilität werden angesichts der sich immer schneller verändernden Märkte immer wichtiger. Nichts ist beständig außer einem beständigen Wandel. Auch das Krisenrad dreht sich unaufhörlich und in nie gekannter Schnelligkeit weiter.

▶ Die Wirtschaftswelt ist volatil geworden. Darauf müssen sich Unternehmen einstellen und die entsprechenden Instrumente implementieren.

Märkte verändern sich in rasender Geschwindigkeit. Ein Beispiel dafür ist die Musikbranche, in der Neuentwicklungen wie iTunes und andere Downloadportale die CD-Industrie ins Abseits drängen. Printmedien ist durch das Internet eine riesige, neue Konkurrenz erwachsen, die Auflagen und Werbeanteile kostet. Die Möglichkeiten, die das Internet den Verbrauchern bietet, machen Gelbe Seiten ebenso obsolet wie Reisebüros oder Warenhäuser. Buchhändler kämpfen gegen den Onlineversandhändler Amazon. Selbst einst erfolgreiche und stark differenzierte Nischenplayer wie Beate Uhse sehen sich neuer Konkurrenz im Internet gegenüber und verlieren Marktanteile. Banken werden durch Onlinebanken ohne teure Filialstruktur bedrängt. Die Automobil-, die Energie- und die Baubranche sehen sich neuen ökologischen Herausforderungen gegenüber. Selbst Unternehmen deutscher Vorzeigebranchen wie der Maschinen- und Anlagenbau und der gesamte Konsumgüterbereich sind in Krisen ganz besonders betroffen. Mangelnde Risikovorsorge und unbekümmertes Unternehmertum sowie plötzlich einsetzende Veränderungen an den Rohstoffmärkten oder im globalen Wettbewerbsspiel können auch in scheinbar ungefährdeten Märkten schnell zum Aus führen. Sichere Branchen und Geschäftsmodelle gibt es nicht.

Es gibt allenfalls Unternehmen, die strategisch gut vorbereitet und damit weniger angreifbar sind.

Eine Unternehmerbefragung von Weissman & Cie. im Jahr 2010 hat gezeigt, dass sich viele Unternehmer dieser Herausforderungen bewusst sind und entsprechend agieren. Dennoch besteht für eine große Anzahl – speziell familiengeführte Betriebe in kleiner und mittlerer Größenordnung – nach wie vor die Herausforderung, Unternehmensexistenzen nachhaltig und möglichst solide für die nächste Generation zu sichern.

Wenn Familienunternehmen in eine wirtschaftliche Krise geraten, sind gleich zwei in Not: Die Firma und die Familie. Die beteiligten Familienmitglieder werden zusätzlich von einer Familienkrise überrollt, die regelmäßig parallel zur Unternehmenskrise ausbricht, und müssen im schlimmsten Fall sogar einen Zweifrontenkrieg führen. Die zu diesem Zeitpunkt typischerweise auftretenden und eskalierenden Familienkonflikte überlagern den Krisenverlauf des Unternehmens oft erheblich. So wird das Verhalten der beteiligten Familienmitglieder „nicht nur von der Angst vor dem existenziellen Aus oder vor dem Verlust von Vermögen und Arbeitsplatz, sondern auch von der Furcht beeinträchtigt, persönlich für den Untergang des Familienvermächtnisses verantwortlich zu sein" wie Tom Rüsen, Direktor am Wittener Institut für Familienunternehmen, in „Krisen und Krisenmanagement im Familienunternehmen" schreibt.

6.2   Das Wesen der Unternehmenskrise

Herbert Hainer, CEO von Adidas, unterscheidet drei Phasen der Krise:

1. Angst und Schrecken,
2. Jammern und Selbstmitleid und
3. Kampf und Aufbruch.

Würde man sich die Phasen 1 und 2 sparen, könnte man sofort zu dem kommen, was wichtig ist und was Unternehmen am wahrscheinlichsten retten kann. Doch Phase 1 und 2 sind allzu menschlich. Trotzdem: Jeder, der mit Unternehmenskrisen zu tun hat, weiß, dass schnelles Handeln am wichtigsten ist. Deshalb unser Rat: Sie müssen nach den Ursachen einer Krise forschen, aber zunächst einmal nur insoweit, dass Sie aus diesen Erkenntnissen neue tragfähige Strategien entwickeln können, die es Ihnen ermöglichen, die Krise hinter sich zu lassen. Verzichten Sie darauf, nach Schuldigen zu suchen, sondern konzentrieren Sie sich auf die Krisenbewältigung.

▶ Wer Krisen auf die lange Bank schiebt, verhindert ihre Überwindung.

Doch schauen wir uns an, wie sich Krisen entwickeln, welche Krisentypen es gibt, welche Ursachen und Symptome sie haben und welchen Handlungsspielraum der Unternehmer hat.

Wir haben es schon gesagt: Unternehmenskrisen kommen nicht von ungefähr. Sie entwickeln sich in der Regel über einen längeren Zeitraum, vergleichbar mit Krankheitsbildern bei Menschen. Werden Symptome früh erkannt und rechtzeitig behandelt, ist die Krankheit bald geheilt. Werden sie aber verschleppt, kommt es oft zu Komplikationen oder zu einer permanenten Erkrankung. Übertragen auf Unternehmen bedeutet dies im schlimmsten Fall Überschuldung oder Zahlungsunfähigkeit – die beiden Gründe, warum Unternehmen aus dem Wettbewerb ausscheiden. Überschuldungsszenarien lassen sich jedoch lange gut durch die Nutzung der Spielräume in der Bilanzierungspolitik ausschließen. Wenn diese Möglichkeiten dann endlich ausgeschöpft sind, wird es sehr schnell eng.

Für den erfolgsorientierten, an Nachhaltigkeit interessierten Unternehmer oder Geschäftsführer sollte das Augenmerk vor allem auf einer Symmetrie aus Rendite, Risiko und Wachstum liegen. Dabei steht für den kaufmännisch vorsichtigen Unternehmenslenker das Prinzip der Sicherung von Ertrag und Liquidität im Vordergrund. Die Risikotragfähigkeit eines Unternehmens wird insbesondere durch die Höhe des Eigenkapitals und die bestehenden Liquiditätsreserven bestimmt. Die existenzbedrohende Liquiditätskrise spitzt sich in der Regel in einer kybernetischen Dynamik zu. Ziel des Unternehmens muss es daher sein, diesen Zyklus so früh wie möglich zu unterbrechen.

Eine Konjunktur- oder Branchenkrise löst in der Regel eine Kundenkrise aus, die sich in Umsatzrückgang, Zahlungsausfällen und Margendruck manifestiert. Das wiederum führt zum Aufbau von Vorräten und Forderungen. Zulieferer schwächeln selbst und verlangen Vorkasse. Die Banken handeln risikobewusster und sind zurückhaltend mit Kreditlinien. Restrukturierungskosten fallen an. Die Unternehmenskrise ist nur noch eine Frage der Zeit.

Von einer existenzbedrohenden Krise ist spätestens dann auszugehen, wenn die finanziellen Spielräume des Unternehmens so stark eingeschränkt sind, dass Zahlungen „geschoben" werden müssen und alle Anstrengungen darauf ausgerichtet sind, die fälligen Rechnungen zu bezahlen. Für langfristige Planungen ist dann in der Regel kein Raum mehr. Die existenzbedrohende Krise baut sich mit einigen operativ verlustreichen Jahren immer weiter auf. Handlungsspielräume sollten deshalb dann ausgenutzt werden, wenn sie noch möglichst groß sind (s. Abb. 6.1).

▶ Nehmen Sie die Krise an, bevor sie wirklich eintritt.

6.2.1   Krisenursachen

Es gibt interne (endogene) und externe (exogene) Ursachen, die zur Fehlentwicklung eines Unternehmens führen können. Praktisch sind aber externe und interne Ursachen für krisenhafte Situationen oft eng miteinander verwoben. Deshalb spielen das Erkennen und die Abwehr von möglichen Krisenursachen eine maßgebliche Rolle bei der Krisenprävention.

Die **internen Krisenursachen** finden Sie in den Bereichen Markt/Kunde, Prozesse, Mitarbeiter/Führung und Finanzen. Wenn Sie sich erinnern: Diese vier Perspektiven, die

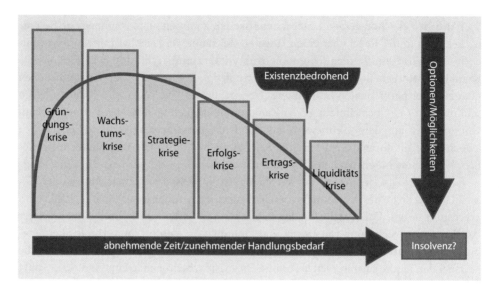

Abb. 6.1 Krisentypen und Handlungsspielräume

Definition ihrer Schlüsselelemente und ihre Zusammenführung in einem Kausalnetz spielen auch bei der Erstellung des Unternehmenscockpits eine entscheidende Rolle.
Krisenursachen im Bereich Markt/Kunde:

- fehlende Unternehmensstrategie inklusive Risikoanalyse,
- fehlende Sortiments- und Lieferantenstrategie,
- keine Alternativen zu den Hauptumsatzträgern.

Krisenursachen im Bereich Prozesse:

- mangelhafte Produktivität,
- veraltete oder fehlende Produktionsmittel,
- Qualitätsprobleme,
- hohe Ausschussquote und Nachbearbeitungskosten,
- ineffiziente interne und externe Kommunikation,
- Abhängigkeiten von Kunden und/oder Lieferanten,
- Innovationsblockade.

Krisenursachen im Bereich Mitarbeiter/Führung:

- fehlendes unternehmerisches Denken,
- mangelndes Risikobewusstsein,
- verharren in alten (Erfolgs-)Mustern,

- aufschieben von Entscheidungen,
- familiäre Interessen,
- die Organisation an persönlichen Vorlieben ausgerichtet,
- hoher Krankenstand, mangelnde Motivation,
- fehlendes Kostenbewusstsein.

Krisenursachen im Bereich Finanzen:

- Verluste,
- hohe Kapitalbindung,
- mangelhaftes Controlling mit vielen Daten und wenigen Informationen,
- fehlendes Cash-Management und fehlende Liquiditätsplanung,
- Fehlkalkulationen,
- wenig Eigenkapital.

Aus unserer eigenen praktischen Erfahrung bei Weissman & Cie. aus Restrukturierungs- und Sanierungsmandaten häufen sich in der Regel folgende internen Krisensymptome:

- keine umfassende Unternehmensstrategie,
- falsche Einschätzung der Marktentwicklungen,
- teure Fehlentscheidungen wegen fehlender Frühwarnsysteme,
- keine starken Alternativen zum Hauptumsatzträger,
- mangelnde Auslastung/Produktivität,
- trotz vorhandener Controllinginstrumente wird in alten Verhaltensmustern verharrt und wichtige Entscheidungen werden geschoben,
- familiäre Interessen,
- unverhältnismäßig hohe Entnahmen.

Externe Ursachen von Krisen kündigen sich normalerweise in den vom Unternehmen besetzten Märkten lange vorher an. Doch sie sind selten der wahre Grund für das Scheitern von Unternehmen. Sind funktionsfähige Frühwarnsysteme installiert, müssen Unternehmen rechtzeitig auf solche Veränderungen aufmerksam werden und haben noch ausreichend Zeit für Veränderungen zur Abwehr der Krise.

▶ Externe Ursachen sind nicht die Basis einer Unternehmenskrise. Sie stellen lediglich die Herausforderung im Wettbewerb dar, auf die das Unternehmen eingestellt sein muss.

Krisenursachen aus dem Bereich Politik und Recht:

- politische Instabilität,
- Steuerpolitik,

- unflexibles Arbeitsrecht,
- bürokratische Außenhandelsbestimmungen,
- neue Qualitätsanforderungen,
- Haftungsbestimmungen,
- Umweltschutzbestimmungen.

Krisenursachen aus dem Bereich Technologie und Umwelt:

- neue Technologien,
- verkürzte Lebenszyklen der Produkte,
- Förderung von Technologien,
- globale Vernetzung aufgrund neuer Informations- und Kommunikationstechnologien,
- Elementarschäden.

Krisenursachen aus dem Bereich Volks- und Weltwirtschaft:

- Arbeitslosigkeit oder Arbeitskräftemangel,
- demografische Veränderungen,
- Streik,
- Inflationsrate,
- Zinsstruktur,
- Globalisierung,
- Rohstoffverknappung.

Krisenursachen aus dem Bereich Markt, Kunde und Wettbewerb:

- Konjunkturzyklen,
- verändertes Käuferverhalten,
- neue Wettbewerber und damit einhergehender Preisverfall,
- Kartelle,
- Marktkonsolidierung, Übernahmen, Fusionen,
- Verlagerung von Produktionen in Billiglohnländer.

Beispiel: In der Abwärtsspirale

Die Geschichte eines mittelständischen in seiner Nische führenden Zulieferers sämtlicher Modelabels Europas mit einem Jahresumsatz von 15 Mio. € zeigt, wie lange sich Unternehmenskrisen ankündigen. Im Zuge einer trendbedingten Nachfragesteigerung für eine neue Produktvariante in einem anderen Zielgruppensegment entscheidet sich das Unternehmen für erhebliche Investitionen in Kapazitäten und Ressourcen in Zentraleuropa. Zur gleichen Zeit steht das Unternehmen im Generationswechsel. Der Umsatz steigt zunächst etwa drei Jahre lang sprunghaft an. Sehr schnell ist das Unternehmen die unumstrittene Nummer eins am europäischen Markt. Allerdings ist schon in der

Wachstumsphase abzusehen, dass Wettbewerber technologisch gleichziehen und durch die frühzeitige Verlagerung der Produktion nach Osteuropa nennenswerte Produktivitätsvorteile erzielen. Auch die Kunden der Bekleidungsindustrie, vor allem Franzosen und Engländer, drängen in kostengünstigere Standorte in Europa, im vorderen Orient und in Asien. Die französische und die italienische Modeszene gehen davon aus, dass der Trend bald beendet ist und die Nachfrage fast gänzlich zusammenbrechen wird.

Was passiert im Unternehmen? Kritische Stimmen aus dem Vertrieb und dem Produktmanagement werden nicht gehört. Das Management investiert weiter in das Marktsegment und sucht nach Wachstumschancen in verwandten Nischen. Die kostenintensive Diversifikation in ein völlig neues Marktsegment scheitert wegen fehlender Kernkompetenzen. Die Nachfrage im Trendmarkt bricht wie vorhergesagt zusammen. Die Ergebniskrise ist längst eingetreten. Trotzdem wird noch eine Investition im zweistelligen Millionenbereich in Portugal getätigt, weil man EU-Subventionen mitnehmen möchte. Eine weitere angeblich wettbewerbsrelevante Akquisition in den USA/Mexiko kostet noch mehr Geld. Notwendige Einschnitte und Effizienzprogramme sowie unter Kostengesichtspunkten notwendige Verlagerungen nach Osteuropa oder Asien unterbleiben. Motto: „Wir stehen zum Standort". Management und Gesellschafter haben die drohende Katastrophe nicht ernstgenommen. Die Liquiditätskrise ist nicht mehr zu verhindern. Trotzdem werden dringend nötige Maßnahmen weiterhin auf die lange Bank geschoben und Entscheidungen so lange nicht getroffen, bis das Unternehmen schließlich treuhänderisch verwaltet werden muss.

Krisen kündigen sich an In unserem Beispiel hat es über zwölf Jahre gedauert, bis die Krise tatsächlich in die Liquiditätskrise mündete. Die Krise kam also keineswegs überraschend, doch das Management war nicht in der Lage, angemessen zu reagieren. Die folgenden Einschnitte im Zuge eines jahrelangen Sanierungsprozesses waren für Gesellschafter und Belegschaft viel schmerzhafter als sie hätten sein müssen, hätte man früher reagiert. Glücklicherweise konnte sich das Unternehmen wieder aufrappeln und gelangte nach jahrelanger Verweildauer auf der Intensivstation der Banken wieder bei einem Jahresumsatz von 15 Mio. € und der guten Profitabilität von zu Beginn der Krise an. Die Gründe für die Krise lagen zwar oberflächlich betrachtet extern in der Globalisierung und Subventionsfallen. Viel schwerer wogen aber die internen Gründe, vor allem die Unbeweglichkeit des Managements, das Verharren in alten Erfolgsmustern und die Entscheidungsunfähigkeit.

Daraus lernen wir vor allem: Unternehmer müssen die Risiken, die ihr Geschäft und ihr Unternehmen bedrohen, stets im Auge haben und sofort reagieren. Das bedeutet nichts anderes, als dass es nicht ausreicht, einmal ein erfolgreiches Geschäftsmodell auf die Beine zu stellen und davon auszugehen, dass es in alle Ewigkeit erfolgreich sein wird. Im Gegenteil: Jedes Unternehmen sollte mit einem beständigen Wandel rechnen. Das ist gut nachvollziehbar, wenn Sie sich einmal anschauen, welche Symptome auf eine Krise hinweisen – und unsere Auswahl ist nur eine Shortlist.

Zu den Anzeichen für eine Erfolgs- und Ertragskrise zählen in der Leistungswirtschaft:

- die Verringerung der Investitionsfähigkeit,
- eine zu geringe Auslastung des Personals,
- die Überlastung der Führungskräfte,
- ein hoher Krankenstand,
- Fluktuation,
- mangelnde Produktivität,
- zunehmende Ausschussquote,
- schlechtes Betriebsklima.

In der Absatzwirtschaft sind es:

- der Verlust von Marktanteilen,
- Preis- und Imageprobleme,
- eine wachsende Anzahl von Kundenbeschwerden.

In der Finanzwirtschaft sind die Symptome:

- operative Verluste,
- eine niedrige Eigenkapitalquote und Eigenkapitalverzehr,
- „geschobene" Rechnungen,
- hohe Forderungen gegenüber verbundenen Unternehmen,
- die Aktivierung von Eigenleistungen,
- ungenutzte Rückstellungsoptionen.

Häufen sich die Anzeichen für eine Erfolgs- und Ertragskrise, wird es bereits eng, und die Handlungsspielräume nehmen schnell ab. Konsequentes und schnelles Handeln zur Vermeidung beziehungsweise Abwendung der Krise ist erforderlich. Symptome wie Kurzarbeit, Personalabbau, abwandernde Leistungsträger, wegbrechende Kunden- und Lieferantenbeziehungen, nachlassender Auftragseingang und unzureichende Kreditversorgung durch die Banken deuten bereits auf eine Existenzkrise des Unternehmens hin. Der Unternehmer hat an diesem Punkt keine großen Handlungsspielräume mehr.

▶ Wenn sich die Symptome einer Erfolgs- und Ertragskrise häufen oder gar Symptome für eine Existenzkrise auftreten, hilft nur beherztes Handeln, am besten mit externer Unterstützung.

6.2.2   Sechs Säulen der Krisenprävention

Das Wort Risiko ist in Deutschland negativ belegt. Bei Risiko denkt man an Gefahr, Angst und Abenteuer. Im Chinesischen steht Risiko gleichermaßen für Gefahr und Chance. So sollten wir das auch sehen: Man muss sich in einer Krise vor der Gefahr hüten, aber die

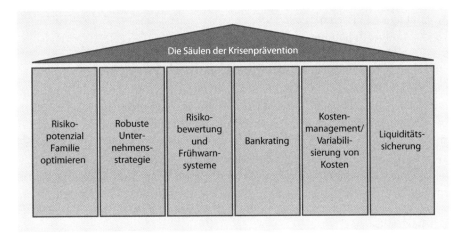

Abb. 6.2 Sechs Säulen der Krisenprävention

Gelegenheiten erkennen, die sie bietet. Unserer Meinung nach ist die beste Vorbeugung gegen die Gefahr eine Prävention in Form eines professionellen Risikomanagements, denn dann kann man sogar die Chancen einer Krise nutzen.

Auch der Gesetzgeber verlangt von Unternehmen Krisenprävention. Das Gesetz über Kontrolle und Transparenz im Unternehmensbereich (KonTraG) fordert von der Geschäftsführung einer GmbH, ein Früherkennungssystem zur Abwehr von Entwicklungen zu installieren, die den Fortbestand des Unternehmens gefährden. Können Geschäftsführer einer GmbH keine Maßnahmen zur Krisenprävention nachweisen, laufen sie Gefahr, persönlich in die Haftung genommen zu werden. Krisenprävention bedeutet nichts anderes als drohende Risiken zu erkennen, zu definieren und so mit ihnen umzugehen, dass sie das Unternehmen nicht bedrohen (Abb. 6.2).

Säule 1: Risikopotenzial Familie optimieren Die meisten Familienunternehmer sind sich nicht bewusst, dass die Verquickung von Familie und Unternehmen nicht nur Vorteile, sondern auch Risiken mit sich bringt. Familiäre Risiken können für das Unternehmen schnell existenzbedrohend werden. Deshalb müssen sie dringend identifiziert, bewertet und möglichst ausgeschlossen werden. Ein Gesellschaftsvertrag allein ist in den meisten Fällen nicht als ausreichende familiäre Risikovorsorge zu bewerten.

Risikofelder, die aus der familiären Situation erwachsen können:

- Führung und Nachfolge,
- Regeln und Entscheidungsprozesse,
- Image und Wissen,
- Erben und Vererben,
- Ehe und Scheidung,
- Krankheit und Schicksal,

- Ausbildung und Erziehung,
- Verkauf und Ausschüttung.

Ein typisches Beispiel für mangelndes Risikobewusstsein in Familienunternehmen in Bezug auf die familiären Risiken ist das fehlende Testament. Natürlich denkt niemand gerne an den eigenen Tod, aber ein Unternehmer muss es tun. Unternehmer, die kein Testament aufgesetzt haben, gefährden den Bestand ihres Unternehmens. Und das gilt nicht nur, wenn Sie bereits die 60 erreicht haben, sondern auch, wenn Sie morgen erst Ihren 35. Geburtstag feiern. Schließlich können Sie morgen Opfer eines Autounfalls werden. Wer wird dann das Unternehmen führen? Wer wird erben? Haben Sie nicht dafür gesorgt, dass nach Ihrem Tod klare Verhältnisse herrschen, gibt es eventuell Streit und das Unternehmen gerät in Schwierigkeiten. Ein fehlendes Testament ist ein Risiko für Ihr Unternehmen. Seien Sie sich dessen bewusst.

Hinzu kommt, dass nicht unbedingt alle Personen innerhalb der Familie, wie der Unternehmer, sein Nachfolger, die Gesellschafter und die junge Generation, dieselben Interessen verfolgen. Es kann nicht immer davon ausgegangen werden, dass alle ihre persönlichen Interessen dem Unternehmensinteresse unterordnen. Soll das Unternehmen bei Konflikten innerhalb der Familie keinen Schaden nehmen, müssen Sie dafür sorgen, dass alle Fragen, die sowohl die Interessen der Familie als auch des Unternehmens betreffen, geklärt werden. Ein geeignetes Instrument dafür ist die Familienverfassung. In ihr werden Familie und Unternehmen definiert. Die Werte und Ziele der Familie und ihre Werte und Ziele für das Familienunternehmen niedergelegt. Die Regeln zur Governance-Struktur und die Grundlagen für eine Änderung der Familienverfassung sind weitere Punkte.

Die Familienverfassung muss Antworten auf folgende Fragen geben:

- Wie soll über eine mögliche Führungsnachfolge entschieden werden?
- Wie sollen Nachfolger auf ihre Führungsaufgabe vorbereitet werden?
- Wie ist das Unternehmen darauf vorbereitet, wenn ein Gesellschafter spontan auf dem Sterbebett seinen letzten Willen ändert und die Firmenanteile nicht wie geplant innerhalb der Familie vererbt?
- Ist ausgeschlossen, dass das Unternehmen wirtschaftlich oder juristisch belastet werden kann, wenn sich ein Gesellschafter scheiden lässt und es zum Scheidungsstreit kommt?
- Wie ist das Unternehmen auf den Verkauf von Anteilen drängender Gesellschafter vorbereitet?

Die Liste ließe sich noch beliebig fortsetzen. Daran sehen Sie, welches Risiko die Unternehmerfamilie für das Unternehmen darstellen kann. Das Risiko potenziert sich mit dem Wachsen der Familie und der Herausbildung mehrerer Stämme. Wenn sich die Familie streitet, nimmt das Unternehmen auf jeden Fall Schaden, deshalb ist bei der Ausarbeitung der Familienverfassung nicht nur professionelle Unterstützung unabdingbar, sondern auch die Einbeziehung der ganzen Familie.

▶ Durch eine Familienverfassung werden nicht nur familiäre Risiken ausgeschlossen, sondern sie gibt der Unternehmensführung auch den Auftrag und die Kompetenz zur Strategieentwicklung und -umsetzung. Das Unternehmenscockpit wiederum liefert der Familie und dem Kontrollorgan wichtige Kennzahlen zum Unternehmen.

Experten empfehlen, in der Familienverfassung auch die Einrichtung, Zusammensetzung und Aufgaben eines unabhängigen Kontroll- und Beratungsorgans festzuschreiben, das die Familienunteressen verfolgt: der Beirat. Er ist von unschätzbarem Wert, wenn er professionell eingerichtet wird. Dazu gehören zum einen seine Unabhängigkeit, die Kompetenz seiner Mitglieder und die Wahl seiner Aufgaben. Der Beirat sollte nicht ein Gremium von „Unternehmers Gnaden" sein, sondern ein Gremium, das die Zukunftsfähigkeit des Unternehmens sichert, die Geschäftsführung berät und im Fall von Streitigkeiten die Kompetenz und den Auftrag zur Vermittlung hat. Manche Unternehmen übertragen dem Beirat auch die Aufgabe, künftige Geschäftsführer vorzuschlagen und auszuwählen. In vielen Beiräten sitzen auch Familienmitglieder. Auch bei ihnen sollte man darauf achten, dass die fachliche Qualifikation für ein Beiratsmandat objektiv und nachvollziehbar gegeben ist.

▶ Die Familienverfassung ist der erste Grundpfeiler der Krisenprävention. Der Beirat sichert ab.

Säule 2: Robuste Unternehmensstrategie Sie haben es bereits gelesen: Die Unternehmensstrategie ist das A und O, die Voraussetzung für nachhaltigen unternehmerischen Erfolg. Unternehmen ohne Strategie geraten früher oder später immer in Krisen. Gerade Strategie- und Organisationskrisen werden häufig auf die leichte Schulter genommen. Man hofft, dass die Krise vorübergeht. Doch gerade in dieser frühen Phase kann das Blatt noch gewendet werden, weil der Unternehmer noch über Handlungsspielräume verfügt. Allerdings geht es nicht allein darum, mit welchem neuen Produkt, neuem Markt etc. die Geschäfte beflügelt werden können, sondern darum, welche ganzheitlich sinnvollen strategischen Optionen bestehen.
An diesen Symptomen erkennen Sie eine Strategie- und Organisationskrise:

- Der Vertrieb könnte besser funktionieren.
- Die Frage nach der Wirksamkeit des Marketingbudgets steht im Raum.
- Es gibt Preis- und Imageprobleme.
- Das Vertriebsnetz erscheint weder geschlossen noch effektiv.
- Wettbewerber können deutlich schneller und häufiger Innovationen anbieten.
- Die Transparenz im Unternehmen lässt zu wünschen übrig.
- Organisatorische Mängel werden offensichtlich.
- Die Neuproduktentwicklung stockt.
- Die Zahlungsmoral der Kunden sinkt.

Natürlich müssen nicht alle Symptome gleichzeitig auftreten, aber jedes einzelne ist bereits ein Warnsignal und fordert die Geschäftsleitung zum Handeln auf.

▶ In der Strategiekrise geht es um die Frage, wie das bestehende Geschäftsmodell und vielleicht auch wie das Familienmodell geändert, angepasst oder differenziert werden muss.

Rufen Sie sich noch einmal das betriebswirtschaftliche Gesetz in Erinnerung, auf dem jede Strategieentwicklung aufbauen muss: In stagnierenden Märkten führen austauschbare Leistungen zwingend zu einer negativen Renditeentwicklung. Die Unternehmensstrategie hat also die primäre Aufgabe, für nachhaltige Differenzierung und damit für Wettbewerbsvorteile zu sorgen. „Be different or die".

In den Kap. 1 und 2 haben wir Ihnen die Strategieentwicklung ausführlich erläutert. Dort können Sie jeden einzelnen Schritt nachlesen. Deshalb finden Sie hier nur noch einmal die wichtigsten Elemente.

- Legen Sie die strategische Stoßrichtung für Rendite, Wachstum und Risiko fest.
- Definieren Sie Ihre künftigen Kernkompetenzen.
- Identifizieren Sie künftige Geschäftsfelder, Wettbewerbsvorteile und Ihre Positionierung.
- Bestimmen Sie die Gestaltung der Wertschöpfungskette.

Durch die Kernkompetenzen unterscheidet sich Ihr Unternehmen sichtbar von anderen. Sie sind Grundlage für Wettbewerbsvorteile und somit das Herzstück und der Anker Ihrer Strategie. In der Regel sind sie ein Bündel an Fähigkeiten, Wissen, Ressourcen und Knowhow, das in dieser Kombination in Ihrem Markt idealerweise nur Ihr Unternehmen hat.
Kernkompetenzen sind

- nicht frei am Markt erhältlich,
- lassen sich in andere Märkte multiplizieren und
- sind verteidigungsfähig.

▶ Sie sollten nur in Geschäftsfelder gehen oder dort bleiben, in denen Sie aufgrund Ihrer Kernkompetenzen eine führende Rolle spielen können.

Am Ende jeder Strategieentwicklung muss die Bewertung verschiedener strategischer Optionen stehen. Es ist so gut wie nie der Fall, dass es nur eine Option gibt. Zu guter Letzt geht es darum, jede Strategie systematisch in ihrer Wirkung auf die künftige Rendite, das zukünftige Wachstum und das zukünftige Risiko abzubilden.

Säule 3: Risikobewertung und Frühwarnsysteme Die Installation eines systematischen, professionellen Risikomanagements in Unternehmen unterstützt in erster Linie eine nachhaltige und wertorientierte Unternehmensführung, die sich aus einer ausgewogenen Balance aus Wachstum, Rendite, Risiko und Liquidität ergibt. Darüber hinaus trägt es dazu bei, die Kommunikation mit Aktionären, Gesellschaftern, Finanzinvestoren und den Banken zu verbessern.

Viele Unternehmen haben die Vorteile eines Risikomanagements inzwischen zwar erkannt, nicht zuletzt durch zunehmende gesetzliche Anforderungen, sind allerdings in der Umsetzung noch nicht so weit gediehen, wie es wünschenswert wäre. Zu viele von ihnen behelfen sich mit unzureichenden Mitteln.

Exkurs: Wie Unternehmen ihre Risiken managen

Das zeigt eine gemeinsame Studie von Weissman & Cie., Rödl & Partner, eine unabhängige Beratungs- und Prüfungsgesellschaft für international tätige deutsche Unternehmen, und Funk RMCE, eine auf betriebswirtschaftliches Risikomanagement spezialisierte Beratungsgesellschaft. Der Benchmarkstudie zu „Stand und Perspektiven des Risikomanagements in deutschen (Familien-) Unternehmen" liegt eine anonyme Umfrage zugrunde, die zwischen November 2010 und Februar 2011 stattfand. Insgesamt wurden branchenübergreifend und deutschlandweit 343 Fragebögen vollständig beantwortet.

Die wichtigste Erkenntnis ist, dass Risikomanagement zwar bei fast jedem Unternehmen auf der Agenda steht, aber es an der Umsetzung in der unternehmerischen Praxis noch mangelt. Das zeigt sich auch daran, dass 80 % der Mittelständler ihr Risikomanagement noch verbessern wollen.

Weitere Erkenntnisse der Studie, die durchaus Anlass zur Sorge geben:

* Für Mittelständler liegen die wichtigsten Risiken außerhalb des Unternehmens und sind daher nicht oder allenfalls begrenzt steuerbar. Synergien zwischen Versicherungs- und Risikomanagement werden nicht ausreichend genutzt.
* Nur 8 % der Unternehmen greifen beim Aufbau oder der Optimierung ihres Risikomanagementsystems auf externe, professionelle Berater zurück. Trotzdem kommt die Initialzündung für Risikomanagement primär von außen, durch gesetzliche Anforderungen, durch Anforderungen der Wirtschaftsprüfer, Aufsichtsräte, Banken, Kunden und Lieferanten.
* Nur für ein Fünftel der befragten Unternehmen ist das Managen von Risiken integraler Bestandteil einer wertorientierten Unternehmensführung. Risikomanagement wird in der Praxis oft „mitgemacht", weil es gemacht werden muss. Dem Anspruch, ein Unternehmensführungsinstrument zu sein, wird Risikomanagement damit nicht gerecht.
* Die Mehrheit der Unternehmen bewertet Risiken nicht in Szenarien, sondern in einer Einzelfallbetrachtung. Lediglich 30 % der Unternehmen führen eine Gesamtrisikobetrachtung durch. So kann auf komplexe Entwicklungen, bei denen sich einzelne oder auch mehrere Risikoparameter wechselseitig beeinflussen, nur unzureichend reagiert werden.
* Knapp die Hälfte der Unternehmen verwendet keine professionelle Software für das Risikomanagement. Ein Drittel setzt auf Eigenentwicklungen, meist auf Excel-Basis. Nur ein Fünftel der Unternehmen hat spezielle IT-Lösungen für das Risikomanagement eingeführt.

Wenn Sie sich die Risiken anschauen, denen Unternehmen ausgesetzt sind, wird klar, weshalb wir dem professionellen Risikomanagement generell und der Krisenprävention eine solch große Bedeutung zumessen. Bei Familienunternehmen kommt noch das Risiko „Unternehmerfamilie" hinzu (s. Säule 1).

Das **Markt- und Kundenrisiko** umfasst die Unsicherheit über die künftige Branchen- und Kundenentwicklung, über Marktattraktivität und Wettbewerbskräfte, über die Bedrohung von Marktposition, Wettbewerbsvorteilen und Image. Das **Leistungsrisiko** beinhaltet Produktionsstörungen, IT-Ausfall, Mitarbeiter- und Führungskräfteausfall oder aber die Unterbrechung der Wertschöpfungskette, zum Beispiel durch den Ausfall eines Schlüssellieferanten. Zum **Kostenstrukturrisiko** zählen Vertragsbedingungen, öffentliche Regulierung, Rohstoffpreisschwankungen, Produktionsflexibilität sowie Anteil und Fristigkeit fixer Kosten, vor allem Personal. Das **Finanzstrukturrisiko** setzt sich zusammen aus Liquidität und Eigenkapitalquote, Währungskursschwankungen, Haftungsfragen, Umsatzrückgang, Vorratsaufbau und Forderungsbestand.

Auf die Zukunft des Unternehmens können also zahlreiche Risiken einwirken, die berücksichtigt werden sollten. Das Ziel einer risikobewussten Unternehmensplanung muss es also sein, das Gesamtrisiko abzubilden und stets im Blick zu haben. Viele Unternehmen, besonders kleine und mittlere, haben zwar theoretisch die Mittel, um dies zumindest in einfacher Form zu tun, nutzen aber selbst die rudimentären Instrumente wie die monatliche betriebswirtschaftliche Auswertung, GuV und Bilanz viel zu wenig. Ein Risikomanagementsystem muss an Größe, Leistungsfähigkeit und Strukturen des Unternehmens angepasst werden. Es ist nicht sinnvoll, eine hochkomplexe Software einzusetzen, wenn das Unternehmen, seine Mitarbeiter und seine Prozesse damit überfordert sind; aber ein funktionierendes System – wie auch immer ausgestaltet – ist unverzichtbar. Hier eine Auswahl der Möglichkeiten:

- Finanzplanung und monatliche Kontrolle (GuV/Bilanz/Liquidität),
- Liquiditätsstatus, rollierend,
- Controllinghandbuch/-systeme,
- internes und externes Berichtswesen,
- Cockpitsysteme/Balanced Scorecard
- Qualitätsmanagementhandbuch/Audits,
- Interne Revision,
- Richtlinien/Geschäftsordnung/klare Verantwortlichkeiten,
- leistungs- und risikoorientierte Vergütungssysteme für Führungskräfte,
- Definition eines Sets von Gegenmaßnahmen bei Unterschreitung vorab definierter Schwellenwerte,
- Marktindikatorenanalyse.

Professionalisierung im Finanzbereich nötig Wir sehen die Professionalisierung der Risikoperspektive im Finanzbereich als immer bedeutender an. Dafür sollten zumindest grundlegende Kennzahlen erhoben werden, die die wesentlichen Indikatoren in diesem Bereich abbilden. Eine hohe Eigenkapitalquote ist zum Beispiel ein Zeichen dafür, dass das Unternehmen einen Verlust tragen kann, ohne sofort in die Überschuldungsfalle zu geraten. Die

Liquiditätsreichweite und die Cashflow-Marge sind Kennzahlen, die die Liquiditätssituation des Unternehmens beschreiben.

Im Bereich Rendite sollten folgende Kennzahlen erhoben werden:

- (Netto-)Umsatz,
- Betriebsleistung,
- Rohertrag,
- Marktanteil,
- Umsatzstruktur mittels ABC-Analyse,
- Kostenstruktur,
- Rendite (zum Beispiel EBIT, EBITDA).

Im Bereich Risiko und Liquidität sind sinnvolle Kennzahlen:

- Liquidität,
- Forderungsbestand,
- Cashflow,
- Lagerbestand,
- Eigenkapitalquote,
- Verschuldungsgrad,
- Bank-Rating,
- Kapitalverzinsung.

Idealerweise werden diese Kennzahlen der Finanzperspektive im Zusammenhang mit den Kennzahlen für die Perspektiven Markt/Kunde, Prozesse und Mitarbeiter/Führung erhoben, wie wir es in den Kap. 3 und 4 im Rahmen des Cockpitaufbaus erläutert haben. Damit schließt sich der Kreis zur Strategie.

▶ Das Cockpit ist die Umsetzung Ihrer Strategie.

Die Risikobewertung und die dazu gehörigen Frühwarnsysteme sind heute eine Kernaufgabe modernen Managements. Allerdings wird die Anstrengung nur von Erfolg gekrönt sein, wenn es Ihnen gelingt, im Unternehmen eine ganzheitliche Risikokultur zu schaffen. Nicht nur das Management, sondern alle Mitarbeiter sollten bezüglich der erkannten, latenten Risiken sensibilisiert werden. Durch Anreizsysteme und Sanktionsregelungen können sie dazu angehalten werden, die Vorgaben zum Risikomanagement einzuhalten. Umfassende Unterstützung bietet Ihnen dabei das Cockpitsystem. Mittels der ins System eingebauten Ampeln, die frühzeitig auf Fehlentwicklungen beziehungsweise nicht erreichte oder überschrittene Vorgaben aufmerksam machen, ist es jederzeit möglich, erhöhte Risiken zu erkennen. Die Führungskräfte müssen sicherstellen, dass das System permanent gepflegt und überprüft wird und nach wie vor der Strategie folgt. Auf diese Weise lassen

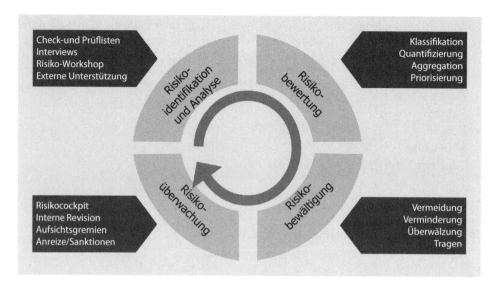

Abb. 6.3 Der Risikomanagementprozess

sich nicht nur Risiken effektiv und sicher erkennen und bewerten, sondern das System bietet auch die Grundlage zur Entwicklung neuer Chancen (Abb. 6.3).

Das müssen Sie tun, um langfristig Akzeptanz für ein Chancen- und Risikomanagement im Unternehmen zu schaffen:

- Die Geschäftsführung muss sich voll dafür engagieren.
- Bei der Erfassung und Bewertung der Risiken sollte das Wissen externer Experten zu Rate gezogen werden. Von außen betrachtet stellen sich viele Dinge anders dar.
- Die Mitarbeiter sollten auf Basis eines für das ganze Unternehmen geltenden Risikohandbuchs informiert und geschult werden.
- Alle Mitarbeiter und andere Stakeholder sollten über eine effektive Kommunikation in das Risikomanagement eingebunden werden. Sie sollten über Risiken und Chancen, über eingeleitete Maßnahmen und deren Auswirkungen informiert werden.
- Es müssen Anreize und Sanktionen eingeführt und kommuniziert werden.

Auf diese Weise wird das Risikomanagement zum zentralen Bestandteil einer Corporate-Compliance-Kultur. Sie stellt die Einhaltung aller unternehmensinternen und -externen Normen, Regelungen und Vorgaben sicher.

▶ Risikomanagement kann kein Inseldasein führen, sondern muss – vom Strategieprozess bis hin zur operativen Arbeit – fest mit den Prozessen des Unternehmens verknüpft werden.

VERMEIDEN	VERMINDERN
• Aufgabe riskanter Geschäftsfelder/Märkte • Verzicht auf teure Technologien • Aufbau von alt. Lieferanten	• Ermittlung des ökonomischen Eigenkapitalbedarfs • Optimierung der Eigenkapitalallokation • Berechnung von Kapitalkosten
ÜBERWÄLZEN	SELBST TRAGEN
• Optimierung von Verträgen • Optimierung Versicherungsschutz • Risikotransfer über Kapitalmarkt	• Ermittlung des ökonomischen Eigenkapitalbedarfs • Optimierung der Eigenkapitalallokation • Berechnung von Kapitalkosten

Abb. 6.4 Optionen der Risikobewältigung

Risiken bewältigen Mit der Analyse der Risikosituation und der Bewertung der Risiken ist es nicht getan, denn letztlich geht es darum, Risiken zu minimieren, also eine Risikostrategie zu entwickeln. Ihr Hauptziel sollte immer die Steigerung des Unternehmenswerts und damit die nachhaltige Entwicklung des Betriebes sein. Wer Risiken minimieren will, hat prinzipiell vier Möglichkeiten: vermeiden, vermindern, überwälzen oder selbst tragen (Abb. 6.4).

Säule 4: Kosten managen Krisenprävention bedeutet auch, die Kosten im Unternehmen zu optimieren – und zwar fortlaufend, nicht nur dann, wenn die Krise am Horizont auftaucht. Doch genau das passiert in der Regel nicht. Die Finanz- und Wirtschaftskrise 2008/2009 hat das erneut bestätigt. Erst als es fünf vor zwölf war, haben die Unternehmen damit begonnen, Lagerbestände und Überstunden der Mitarbeiter abzubauen und sich um die Optimierung ihrer Prozesse zu kümmern. Eine beliebte Reaktion auf eine Organisations- und Strategiekrise ist es auch, Mitarbeiter abzubauen, doch das hilft in der Regel nur kurzfristig. Die strategische Krise ist damit nicht beigelegt. Im Gegenteil: Wenn Mitarbeiter entlassen werden, schauen sich in der Regel auch diejenigen nach einem neuen Wirkungskreis um, die man halten möchte. Die Innovationsfähigkeit sinkt, das Betriebsklima wird schlechter. Wenn es wieder aufwärts geht, fehlen wichtige Know-how-Träger. Eine laufende Optimierung der Kosten erhöht jedoch die Leistungsfähigkeit des Unternehmens dauerhaft. Allerdings sollte es nicht nur um eine Senkung der Kosten gehen, sondern um deren Variabilisierung. Je flexibler und variabler die Kostenstruktur Ihres Unternehmens ist, desto besser und schneller können Sie auf eine schwankende Nachfrage reagieren. Stichworte in diesem Zusammenhang sind zum Beispiel flexible Arbeitszeiten und Leiharbeitskräfte.

Checkliste: Kosten-Schätze heben

- Wissen Sie, welche brancheninternen Benchmarks Ihnen Hinweise auf ungünstige Kostenstrukturen geben?
- Welche Strukturen in Ihrem Unternehmen sollten angepasst werden?
- Ist jede Aufgabe, die Sie ausführen, notwendig?
- In welchem Umfang ist die Aufgabe existenziell notwendig?
- Kann die Qualität eines bestimmten Prozesses durch ein anderes Verfahren bei gleichen Kosten verbessert werden?
- Kann die Geschwindigkeit eines Geschäftsprozesses erhöht werden?
- Kann das gewünschte Resultat einer Leistung kostengünstiger erbracht werden, zum Beispiel durch Outsourcing oder durch den Wechsel eines Dienstleisters/Lieferanten?
- Müssen Aufgaben aus strategischen Gründen ausgebaut werden? Wie ist das möglich?
- Können fixe durch variable Kosten ersetzt werden?
- Kann ungesunde Komplexität abgebaut werden, zum Beispiel durch die Reduktion von C-Kunden und C-Lieferanten?
- Können externe Berater bei der Kostensenkung helfen?
- Kann durch veränderte IT-Strukturen die Qualität Ihrer Prozesse/Produkte verbessert werden?

Säule 5: Liquiditätssicherung Liquiditätssicherung ist nicht nur eine Aufgabe der Krisenprävention, aber gerade dafür von extremer Wichtigkeit. Liquiditätssicherung verschafft Ihnen Spielräume und senkt die Kosten der Fremdfinanzierung. Der wesentliche Punkt in der Liquiditätssicherung ist das Cash-Management. Es umfasst die tägliche Disposition liquider Mittel und die Gestaltung der Zahlungsströme, aber vor allem die Liquiditätsplanung. Die kurzfristige und mittelfristige Liquiditätsplanung werden aus der mittelfristigen operativen Ergebnis- und Investitionsplanung sowie der langfristigen strategischen Planung abgeleitet. Dabei sollten auch Risikoszenarien eingeplant werden. Darauf setzt die strukturelle Planung der Finanzierung auf. Hier muss vor allem Finanzstrukturrisiken begegnet werden. Das bedrohlichste Strukturrisiko ist in diesem Zusammenhang eine zu geringe Eigenkapitalausstattung und eine daraus resultierende Bankenabhängigkeit, insbesondere bei Favorisierung des so genannten Hausbankenmodells.

Zur Sicherung der Liquidität stehen Ihnen Instrumente der Innen- und der Außenfinanzierung zur Verfügung. Außenfinanzierung kostet immer Geld und bringt das Unternehmen in weitere Abhängigkeiten oder zieht sogar Imageschäden nach sich, beispielsweise durch das „Liegenlassen" von Lieferantenrechnungen (besser: längere Zahlungsziele vereinbaren) oder die Stundung von Tilgung, Zinsen, Leasingraten und Weihnachtsgeld. Klassische Möglichkeiten der Außenfinanzierung sind Bankkredite, Kapitalerhöhungen, Leasing statt Kauf, stilles oder offenes Factoring.

▶ Optimieren Sie Ihre Bankenstruktur. Nehmen Sie Kredite von mehreren Banken in Anspruch, darunter eine örtliche, und weiten Sie Ihre Finanzierung auf den Kapitalmarkt aus.

Die Instrumente der Innenfinanzierung wahren Ihre Unabhängigkeit. Zur Innenfinanzierung zählen die Thesaurierung von Gewinnen, die Bildung von Rückstellungen, Gesellschafterdarlehen, Steuerrückzahlungen durch Verlustrückträge, Kostenoptimierung im Einkauf, Kostensenkung in Marketing und Werbung sowie Weiterbildung, Optimierung des Forderungswesens und der Disposition von liquiden Mitteln durch Cash Clearing.

▶ Bereiten Sie Vermögenswerte, die nicht betriebsnotwendig sind, frühzeitig zur Veräußerung vor, damit Sie den Verkauf bei Bedarf schnell realisieren können.

Lassen Sie uns noch ein paar Worte zum Verhalten der Banken in Krisensituationen von Unternehmen sagen. Sie zeigen sich in Krisensituationen, gelinde ausgedrückt, sehr risikoavers. Das heißt, kritische Unternehmenssituationen finanzieren sie in der Regel nicht. Die verschärften Eigenkapitalvorschriften für die Banken selbst durch Basel III haben die Lage weiter verschärft. Auch Förderbanken wie die KfW zeigen sich zurückhaltend. Während der letzten Finanz- und Wirtschaftskrise wurden zwar insofern Erleichterungen geschaffen, als die KfW Ausfallrisiken der Banken übernommen hat, aber sicherlich nicht, wenn es sich um Unternehmen handelte, bei denen keine Aussicht auf Besserung ihrer Situation bestand. So genannte Sanierungskredite der Hausbanken sind außerdem sehr teuer, und die Banken verlangen auf jeden Fall weitere Sicherheiten. Das kann bis zur Übertragung von Rechten an Marken, Verträgen oder Patenten gehen bis zum Maximum des gesetzlich zulässigen Ausmaßes von bis zu 90 % des betrieblichen Kapitals (Aktiva). Wenn es so weit kommt, hat das Unternehmen seine Unabhängigkeit völlig verloren.

Die wichtigsten Aktivposten, die Sie in der Zusammenarbeit mit Ihren Banken haben, sind Vertrauen und eine offene Kommunikation. Ihre Banken werden Ihnen selbstverständlich nicht vertrauen, weil Sie so ein netter Mensch sind, sondern nur dann, wenn Sie ein aussagefähiges Rechnungswesen und Controlling vorweisen können und die Diskussion strategischer Risiken im Markt wie auch entlang der Wertschöpfungskette offen führen. Auch damit sollten Sie nicht erst anfangen, wenn Sie in der Klemme stecken, sondern bereits am Anfang der Geschäftsbeziehung. Ein gut geführtes Cockpit kann Ihnen dabei unschätzbare Dienste leisten, weil es stets zeigt, wo Ihr Unternehmen steht, wohin die Entwicklung geht und wie die Maßnahmen wirken, die Sie treffen.

Kommunikation bringt Verständnis Vertrauen beruht auf gegenseitigem Verständnis, und das entsteht nun einmal nur, indem man miteinander spricht und Informationen austauscht. Keine Bank kann sich für Ihre Krisenstrategie, Ihr Cockpit und Ihr Risikomanagement begeistern, wenn sie es gar nicht kennt. Doch leider tun sich gerade Familienunternehmen schwer damit, Informationen – vor allem Geschäftszahlen – nach außen zu geben. Doch gegenüber den Banken ist das vor allem in Krisensituationen verfehlt – um es einmal drastisch auszudrücken: Am Ende müssen Sie sowieso die Hosen runterlassen.

So verbessern Sie Ihre Finanzkommunikation:

- Bauen Sie emotionale Vorbehalte ab und legen Sie mehr Wert auf eine transparente Finanzkommunikation.
- Erklären Sie die Unternehmensstrategie und Ihr eigenes Risikomanagement verständlich.
- Legen Sie großes Gewicht auf die Finanz- und Liquiditätsplanung, und vermitteln Sie das auch.
- Orientieren Sie sich in Ihrer Finanzkommunikation an den Erwartungen der Banken und Kapitalgeber. Dazu gehört, die eigene Produktsicht zu überwinden.
- Halten Sie persönlichen Kontakt zum zuständigen Bankvorstand oder dem Kreditchef.
- Erläutern Sie Besonderheiten in Jahresabschlüssen oder Monatsberichten persönlich und mündlich, von Angesicht zu Angesicht.
- Informieren Sie Ihre Geldgeber frühzeitig über die künftige Ertrags- und Umsatzsituation.
- Verbessern Sie das Timing, die Kontinuität und Verlässlichkeit Ihrer Informationen.
- Berichten Sie stets vollständig und wahrheitsgemäß. Falsche Informationen in der Krise sind sozusagen tödlich.
- Fordern Sie Vertrauen und Ehrlichkeit auch von Ihren Bankpartnern ein. Sie sollten Verunsicherung und den Wunsch nach mehr Information im Zweifelsfall sofort ansprechen und nicht erst dann, wenn sie sich bereits entschlossen haben, sich zurückzuziehen oder mehr Sicherheiten zu fordern.
- Bitten Sie Ihre Banken, Ihnen zu sagen, in welchem Umfang, welcher Qualität und Aktualität sie Informationen haben wollen.
- Lassen Sie Ihre Banken wissen, dass Sie ein zeitnahes Feedback zu den Informationen erwarten, die Sie der Bank gegeben haben.
- Fühlen Sie sich im Gespräch mit der Bank überfordert, nehmen Sie Unterstützung mit, zum Beispiel Ihren Steuerberater, Wirtschaftsprüfer oder Unternehmensberater. Achten Sie darauf, das Gespräch in der Hand zu behalten.

Beispiel: Finanzkommunikation muss nicht aufwändig sein

Ein Familienunternehmen mit 45 Mitarbeitern geriet in der Wirtschaftskrise 2008/2009 als Zulieferer der Automobilindustrie in Schwierigkeiten, konnte sich aber durch Kunden, die aus anderen Branchen kamen, Kurzarbeit und Umstrukturierungen weitgehend selbst helfen. Der Unternehmer arbeitete schon seit vielen Jahren mit einem Businessplansystem, einer etwas vereinfachten Version eines Cockpits. Das System erlaubt ihm eine Vorausplanung in verschiedenen Unternehmensbereichen, den laufenden Soll-Ist-Vergleich und die Erstellung von Szenarien. Das System ist der Größe seines Unternehmens und der Leistungsfähigkeit seines Finanzwesens angepasst. Es informiert auf dieser Grundlage seine Hausbank regelmäßig, die dadurch nicht nur über die Entwicklung des Unternehmens informiert ist, sondern den Unternehmer auch als zuverlässigen Partner kennengelernt hat. Durch strategische Veränderungen, eine detaillierte Planung und Prognose war es ihm möglich, seine Bank sogar von einer Investition während der Krise zu überzeugen, die ihm heute eine größere Unabhängigkeit von der Automobilbranche bringt. „Das System hat uns schon relativ früh gezeigt, dass Schwierigkeiten ins Haus stehen, und wir konnten rechtzeitig damit beginnen, unsere Strategie anzupassen, und so das Schlimmste verhindern", sagt der Unternehmer. „Wichtig ist für uns, dass wir ein System haben, das uns aussagekräftige Zahlen liefert, mit denen auch unsere Bank arbeiten kann".

Säule 6: Bankenrating verbessern, Ratingstrategie entwickeln Ein schlechtes Bankenrating bedeutet teure oder gar keine Kredite, das gilt besonders im Hinblick auf Basel III. Die Banken haben ihre eigenen Analysemethoden und Frühwarnsysteme mittlerweile hoch entwickelt, und für so manchen Mittelständler sind sie ein Buch mit sieben Siegeln, eine dunkle Gewitterwolke am Horizont. Dabei ist es gar nicht so schwer, das Bankenrating nachzuvollziehen und aktiv dafür zu sorgen, dass sich das eigene Rating verbessert. Dem entgegen steht vor allem, dass Banken und Unternehmen sich an verschiedenen Zahlen orientieren. Die Banken interessieren sich für ihr Rating, besonders für die Kennzahlen, die durch bilanzpolitische Maßnahmen nicht allzu stark beeinflusst werden können. Für die Banken sind zum Beispiel Gesamtkapitalrentabilität, Umsatzrentabilität, Cashflow-Marge, Entschuldungsdauer und Eigenkapitalquote viel interessanter als Umsatz, Ergebnis, Deckungsbeitrag und Rohertrag.

Unternehmen tun also gut daran, sich an den Kennzahlen zu orientieren, die für die Banken von Interesse sind, denn ein schlechtes Rating hat viele Folgen: eine schlechtere Bonitätseinstufung, die sich auf die Geschäftsbeziehung mit den Banken auswirkt, eine höhere Kreditverzinsung, eine Reduzierung des Kreditrahmens, die Forderung nach mehr Sicherheiten, eventuell Kündigung von Kreditverträgen. Die Folgen davon wiederum sind Imageverlust bei Kunden, Lieferanten und Mitarbeitern und im schlimmsten Fall ein schnelles Ende des Unternehmens, vor allem, wenn es sich nur über eine Bank, die Hausbank, finanziert. Die Unternehmensführung sollte folglich einen wesentlichen Teil des Risikomanagements im Unternehmen dieser Kommunikations- und Verständnislücke widmen. Dabei geht es nicht nur darum, die Bonitätseinschätzung der Bank nachzuvollziehen oder im Fall einer nachteiligen Einschätzung dagegen zu argumentieren. Es geht auch darum, die eigene Bedrohung durch eine interne Analyse rechtzeitig zu erkennen. Denn ist die Bonitätseinstufung erst einmal schlecht, ist oft nichts mehr zu retten. Zur Veranschaulichung: Wer mit B geratet wird, dem wird eine Kreditausfallwahrscheinlichkeit zwischen 35 und 40 % unterstellt. Damit befindet er sich im hoch spekulativen Bereich und wird von keiner Bank einen Kredit erhalten, wenn die Bank nicht zusätzliche Sicherheiten erhält.

Beispiel für ein mit B eingestuftes Unternehmen Anhand der in Abb. 6.5 abgebildeten Financial Ratios lässt sich in jedem Unternehmen intern leicht ein entsprechendes Kennzahleninstrumentarium etablieren. Damit können Sie unter anderem abschätzen, wie sich künftige Investitionsentscheidungen oder potenzielle Risiken auf die Beurteilung der Kreditinstitute auswirken.

Financial Ratios & Rating								
Kenn-zahl	Zuordnung	AAA	AA	A	BBB	BB	B	C
1	Zinsdeckung (EBIT/Zinsaufwand)	26,2	16,4	11,2	5,8	3,4	2,2 1,4	0,4
2	Zinsdeckung II (EBITDA/Zinsaufwand)	32,0	19,5	13,8	7,8	4,8	2,4	1,1
3	Bankverschuldung/EBITDA	0,4	0,9	1,5	2,2	3,1	3,4 5,5	8,6
4	Bruttoverschuldung/Gesamtkapital in %	12,3	35,2	36,8	44,5	52,5	73,2	98,8
5	Free Cashflow/Verbindlichkeiten	40,5	21,6	17,4	6,3	1,0 83,1	0,4	0,1 0,1
6	Gesamtkapitalrendite (vor Steuer) (%)	30,6	25,1	19,6	15,4	12,6	9,2	8,8 4,1
7	EBITDA/Netto-Umsatz %	30,9	25,2	17,9	15,8	14,4	9,6 11,2	5,0

Abb. 6.5 Financial Ratios & Rating

Leitsätze für die Verbesserung des Bankenratings:

• Cash is King.
• Die Ertragskraft bestimmt das Rating.
• Die Höhe der Verbindlichkeiten ist wichtiger als der Zinssatz.
• Die Eigenfinanzierungsquote ist entscheidend.
• Managementkompetenz, optimierte Finanzplanung, Fähigkeit zur Risikobewältigung und Transparenz unterstützen ein positives Rating.

Wir schlagen die Entwicklung einer Rating-Strategie vor, die auf vier Säulen ruht (s. Abb. 6.6).

▶ Rating hilft guten Unternehmen, noch besser zu werden.

Eine systematische Krisenprophylaxe unterstützt dabei, das Auseinanderbrechen der Wirtschaftsgrundlage für Unternehmen zu vermeiden. Je früher und je realistischer die Risiko- und Krisensituation akzeptiert, eingeschätzt und ihr entgegengewirkt wird, desto größer ist die Wahrscheinlichkeit, das Unternehmen nachhaltig überlebensfähig zu machen. Die entscheidenden Anforderungen an eine gute Krisenprävention liegen neben einer sinnvollen individuellen Ausgestaltung der Prophylaxeinstrumente vor allem darin, den potenziellen Risiken und den damit verbundenen Fragestellungen die nötige Wertschätzung, Aufmerksamkeit und Zeit seitens der Geschäftsführung zu widmen.

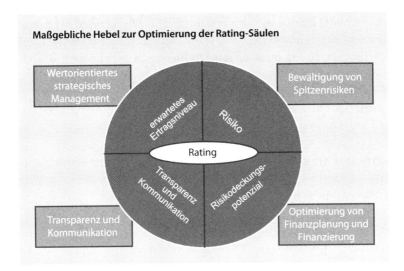

Abb. 6.6 Hebel zur Optimierung der Rating-Säulen

Die zehn Regeln der Krisenprävention

1. Familienverfassung implementieren.
2. Systematisch eine Strategie erarbeiten und regelmäßig überprüfen.
3. Krisensymptome nicht ausblenden und schnell behandeln. Starken Veränderungsdruck am besten gar nicht zulassen.
4. Risikopotenziale erkennbar machen und adäquat bewerten.
5. Immer auch mit dem Schlimmsten rechnen – Szenarioplanung und Notfallmaßnahmenpaket fertig machen.
6. Relevante Risiken konsequent bewältigen.
7. Leichter werden, das heißt vor allem Kosten variabilisieren.
8. Liquidität operativ konsequent managen und Finanzierung mittel- und langfristig strukturell absichern.
9. Die Bank als Partner verstehen und mit Ratings immer besser werden.
10. In der Krise Ruhe bewahren, Führungsstil und -instrumente anpassen und die Restrukturierung als Chance begreifen.

6.2.3 Unternehmenscockpit als Krisenprävention

Wir wollen hier nicht den Aufbau eines Unternehmenscockpits noch einmal darstellen, sondern Ihnen nur seine fünf wichtigsten Vorteile ins Gedächtnis rufen, damit Sie erkennen, welches einzigartige Instrument ein Cockpit-System zur Krisenprävention darstellt.

1. Das Cockpit bildet Ihre Unternehmensstrategie ab Die Strategie ist unverzichtbar für den Erfolg Ihres Unternehmens. Nur eine durchdachte Strategie verhindert, dass sich das Unternehmen verzettelt, sich nicht auf seine Kernkompetenzen konzentriert und dadurch seinen Erfolg in Frage stellt. Basis für den Erfolg sind Ihre Wettbewerbsvorteile und Kernkompetenzen. Wenn Sie Ihre Strategie gemäß unseren Ausführungen in den Kap. 1 und 2 erarbeiten, befassen Sie sich automatisch auch mit den Risiken, die Ihren Erfolg bedrohen könnten.

▶ Bei einem wertorientierten Ansatz ist das Risiko einer der Hauptwerttreiber. Insofern ist in jeder Strategieentwicklung eine Aussage zur geplanten Risikosituation und den dazu gehörigen Maßnahmen unabdingbar.

Wir stellen Ihnen im Folgenden die so genannten klassischen strategischen Risiken vor, mit denen Sie sich im Rahmen Ihrer Strategieentwicklung befassen müssen. Die Fragen, die wir dabei aufwerfen, sind nicht unbedingt vollständig, sondern sollen Ihnen zeigen, in welche Richtung Ihre Überlegungen gehen müssen.

- Geschäftsmodellrisiko: Fragen Sie sich, ob Ihr Geschäftsmodell rechtzeitig weiterentwickelt wurde. Wenn Sie zum Beispiel eine Druckerei haben, reicht es nicht mehr aus, gute Druckqualität zu liefern, sondern Sie sollten sich längst der digitalen Entwicklung angepasst und eventuell neue Geschäftsfelder aufgetan haben, wie etwa Layout oder Kleinauflagen. Ein Verlag muss sich darauf eingestellt haben, dass viele Menschen heute E-Books bevorzugen und viele Autoren ihre Bücher via Book-on-demand-Modellen selbst verlegen. Einzelhändler müssen sich des Risikos durch den Internethandel bewusst sein und dafür sorgen, dass sie dieser neuen Konkurrenz etwas voraus haben.
- Kundenportfolio: Werden Sie sich darüber klar, welche Kundenstruktur Sie haben und welche Sie haben möchten. Bestehen zu hohe Abhängigkeiten von einzelnen Kunden? Lassen sich sinnvolle Partnerschaften entwickeln? Gibt es Kunden, die keine Rendite bringen?
- Internationalisierungsrisiko: Finden Sie heraus, ob Ihnen internationale Wettbewerber Konkurrenz machen können und ob Sie dieser Herausforderung begegnen können. Gibt es neue Märkte, in die Sie Ihr Geschäftsmodell multiplizieren können? Können Sie sich durch die Produktion in anderen Ländern Wettbewerbsvorteile verschaffen?
- Wettbewerbsrisiko: Mit welchen Ihrer Wettbewerber könnten Sie sinnvolle Kooperationen oder Zusammenschlüsse eingehen? Wer könnte Ihnen durch welche Konstellationen schaden oder nützen?
- Lieferantenrisiko: Sind Sie von einem oder wenigen Lieferanten abhängig? Was passiert, wenn er ausfällt? Sind Sie dafür gerüstet?
- Rohstoffpreisrisiko: Welche Rohstoffe sind für Ihr Geschäft wichtig? Wie sieht die Preisentwicklung aus? Gibt es Möglichkeiten, sich gegen schwankende Preise abzusichern? Können die Rohstoffe, die Sie brauchen, knapp werden? Können Sie Primärrohstoffe

durch Sekundärrohstoffe ersetzen oder gar mit anderen substituieren? Wie sieht es mit dem Recycling aus?

- Innovationsrisiko: Gibt es in Ihrem Unternehmen ein Innovationsmanagement? Ist sichergestellt, dass Know-how im Unternehmen weitergegeben wird? Wird Innovation systematisch gefördert?
- Mitarbeiterstrukturrisiko: Gibt es ein Wissensmanagement, das sicherstellt, dass das Know-how bleibt, wenn Mitarbeiter gehen? Sind Sie auf die demografische Entwicklung vorbereitet? Ist Ihr Unternehmen für junge Mitarbeiter interessant? Haben Sie sich bereits als „Employer of Choice" positioniert?
- Kostenstrukturrisiko: Sind Ihre Prozesse automatisiert, wo möglich und nötig? Setzen Sie Ihre IT für das Prozessmanagement ein? Sind Ihre Prozesse flexibel, so dass Kosten optimiert und variabilisiert werden können? Haben Sie die Abschreibungsvolumina im Auge?
- Finanzstrukturrisiko: Ist die Unabhängigkeit Ihres Unternehmens sichergestellt? Verfügen Sie über genügend Eigenkapital und haben Sie die Liquidität im Auge? Gibt es ein funktionierendes Controlling, das die Geschäftsleitung mit aussagekräftigen Zahlen versorgen kann? Was passiert im Fall einer Krise?

▶ Das strategische Oberziel Ihres Unternehmens sollte die nachhaltige Steigerung des Unternehmenswerts und die langfristige Sicherung der Unternehmensexistenz sein. Dadurch wird die strategische Stoßrichtung bezüglich Rendite, Wachstum und Risiko bestimmt. Ihr strategisches Zielsystem wird durch dieses strategische Oberziel definiert. Die Messgrößen in den vier Perspektiven Markt/Kunde, Prozesse, Mitarbeiter/ Führung und Finanzen werden aus Ihren strategischen Zielen abgeleitet und führen zu Maßnahmen, die Ihre Strategie umsetzen.

2. Das Cockpit stellt die wichtigsten Kennzahlen Ihres Unternehmens dar Die strategische Stoßrichtung bei Rendite und Wachstum muss profitables Wachstum sein, das heißt Steigerung der Rendite und signifikantes Wachstum. Beim Risiko schenken wir spezifischen Risikofaktoren Beachtung. Das strategische Zielsystem für das Jahr 2015 könnte lauten „Wir wollen wachsen können, aber nicht müssen". Doch wodurch werden Renditesteigerung und Wachstum erreicht und wie optimieren Sie Ihre Risikosituation? Hier setzt bereits die Cockpitarbeit ein. Sie müssen für Ihr Unternehmen die Schlüsselelemente definieren, mit denen Sie diese Ziele erreichen, und Sie in einem Kausalnetz (Kap. 3) in Beziehung zueinander setzen.

Renditesteigerungen könnten sich zum Beispiel durch kostengünstigere Prozesse, ein marktorientiertes Sortimentsmanagement und optimierte Verwaltung, Technik und Logistikprozesse erzielen lassen. Wachstum kann durch eine erhöhte Marktdurchdringung, die Erschließung neuer Märkte, mehr Innovationen oder höhere Markenattraktivität entstehen. Das Risiko kann durch ein besseres Controlling, Liquiditätssicherung und ein systematisches Risikomanagement optimiert werden.

Die Schlüsselelemente, die Sie identifiziert und in Zusammenhang gebracht haben, werden letztlich in den für Sie wichtigen Kennzahlen im Cockpit abgebildet. Es werden

Ist- und Plan-Werte sowie zulässige Abweichungen festgelegt. Im Idealfall können Sie auf einen Blick sehen, wo das Unternehmen steht, wo Schwächen sind und wo sich Chancen abzeichnen. Das heißt, Sie können handeln, bevor sich negative Trends festsetzen oder positive verschlafen werden.

3. Das Cockpit fungiert als Frühwarnsystem Das Cockpit zeigt Ihnen, wenn Ist und Soll nicht übereinstimmen, wenn Sie unter oder über Plan liegen. Im Cockpit machen sich die ersten Symptome einer Krise frühzeitig bemerkbar. Nehmen wir einmal an, ein Unternehmen hat in seinem Cockpit das Schlüsselelement „engagierte Mitarbeiter" durch die Anzahl der Verbesserungsvorschläge in eine Kennzahl umgewandelt. „Gesunde, leistungsfähige Mitarbeiter" werden durch Krankheitstage abgebildet, die Verbesserung der Mitarbeiterkompetenz durch Schulungstage. Bei allen drei Kennzahlen zeigt der Trend nach unten, doch nur bei den Verbesserungsvorschlägen ist der Ausschlag so gravierend, dass die Ampel rot zeigt. Die Geschäftsführung weiß: Wir haben ein Problem mit der Motivation unserer Mitarbeiter.

4. Das Cockpit zeigt die Zusammenhänge von Ursachen und Wirkungen Schaut man sich jetzt das Kausalnetz an, das das Unternehmen für sein Cockpit aufgebaut hat, stellt man fest, dass die schlechte Mitarbeitermotivation gravierende Auswirkungen auf die drei anderen Perspektiven Markt/Kunde, Prozesse und letztlich Finanzen haben wird. Es sind also dringend Maßnahmen erforderlich, die die Motivation der Mitarbeiter verbessern, da sonst die strategischen Ziele nicht erreicht werden können. Möglicherweise zeigen sich Mängel in der Qualität oder ein Umsatzrückgang erst nach einem oder zwei Quartalen, doch durch die rote Ampel im Bereich Mitarbeiter/Führung und die im Kausalnetz aufgebauten Zusammenhänge kann das Unternehmen Wirkungen frühzeitig erkennen und damit an die Ursachen herangehen. Entsprechende Maßnahmen können getroffen werden, und so kann die Krise schnell und entschieden verhindert werden. Das Cockpit verhindert, dass die Krise diffus bleibt und erst einmal ignoriert wird und Maßnahmen auf die lange Bank geschoben werden.

In diesem Zusammenhang möchten wir Ihnen noch einmal ins Gedächtnis rufen, dass ein Cockpit die Umsetzung Ihrer Strategie bedeutet. Es kann nur funktionieren, wenn die Strategie allen Mitarbeitern bekannt ist und alle dahinterstehen. Deshalb müssen Sie unbedingt darauf achten, dass die strategischen Ziele auf Abteilungen und den einzelnen Mitarbeiter heruntergebrochen werden. Jeder muss wissen, was er zu tun hat und welche Bedeutung er, seine Gruppe und seine Abteilung für die Erreichung der Unternehmensziele haben. Vergessen Sie nicht, entsprechende Zielerreichungsgespräche und ein ständiges Feedback einzuplanen und auch durchzuführen.

5. Das Cockpit ermöglicht Szenarienarbeit Ein entscheidender Vorteil des Cockpits ist die Möglichkeit zur Arbeit mit Szenarien. Sie können durch die Festlegung von verschiedenen Sollgrößen und Abweichungen sehen, wohin welche Entwicklungen führen. Wenn Sie beispielsweise annehmen, dass der Preis für die Rohstoffe, die Sie benötigen, um 50 % steigen wird, sehen Sie genau, welche Folgen das für die Rendite haben wird. Geben Sie vor, dass 30 % der

Rohstoffe durch anderes Material substituiert werden, können Sie sofort sehen, welchen Effekt Sie damit in Hinblick auf Kosten und Rendite erzielen.

Das Cockpit ist ein Instrument zur Unternehmenssteuerung, das Ihnen die Auswirkungen von Ereignissen und Maßnahmen zeigt und Sie dabei unterstützt, die richtigen Maßnahmen zu treffen, um Schaden vom Unternehmen abzuwenden. Insofern eignet es sich hervorragend zum Risikomanagement. Denken Sie daran: Die meisten negativen oder problematischen Entwicklungen im Unternehmen wachsen sich aus zwei Gründen zu Krisen aus: Die Symptome werden nicht rechtzeitig erkannt oder lange ignoriert. Das Cockpit lässt Sie Fehlentwicklungen erkennen – reagieren müssen Sie aber selbst.

▶ Krisen sind eine Herausforderung für die Unternehmensführung. In Krisen zeigt sich jedes unternehmerische Versäumnis. Das mit Abstand verheerendste Versäumnis ist eine fehlende Strategie, gefolgt von der fehlenden Umsetzung einer Strategie. Wer über keine sauber ausgearbeitete Strategie verfügt, kennt weder den Weg zum Unternehmenserfolg noch die Risiken, denen sich das Unternehmen gegenübersieht.

Die zehn klassischen Fehler der Unternehmenssteuerung

1. Es besteht keine klare, schriftlich kommunizierte Strategie.
2. Es gibt keine Priorisierung der strategischen Ziele.
3. Die Ziele werden nicht für die einzelnen Bereiche abgeleitet.
4. Es besteht keine Quantifizierung der Strategie.
5. Strategische Projekte werden nicht systematisch gesteuert.
6. Kennzahlen werden nicht erarbeitet, sondern vom Controlling vorgegeben. Sie werden nicht als Führungsinstrument genutzt.
7. Man konzentriert sich nicht auf die wichtigsten Kennzahlen.
8. Daten sind in Insellösungen verstreut oder werden nicht systematisch erhoben.
9. Es gibt keine Meetingstruktur, um Änderungen nachzuhalten.
10. Die Zahlenkultur im Unternehmen ist schlecht. Zahlen werden als „Keule" verwendet.

Wenn Sie sich diese Risiken der Unternehmenssteuerung anschauen, werden Sie feststellen, dass es gleichzeitig die zehn internen Risiken sind, die Ihr Unternehmen gegen Krisen anfällig machen und eine ordentliche Prävention verhindern. Damit wird ein weiteres Mal deutlich, welche Bedeutung die in diesem Buch vorgestellte Strategieentwicklung und ihre Umsetzung mit Hilfe des Cockpits für Ihre Unternehmenssteuerung und interne Krisenprävention haben. Denn diese internen Schwächen machen Ihr Unternehmen auch anfällig gegen Angriffe von außen.

6.3   Anhang: Die wichtigsten Finanzkennzahlen

6.3.1   Kennzahlen zur finanziellen Stabilität

Diese Kennzahlen beschreiben die Dimension Risiko. Mit ihnen lassen sich sowohl die Nachhaltigkeit und die Kontinuität der Erträge abbilden als auch das Insolvenzrisiko einschätzen. Dem Oberziel eines Unternehmens, den Unternehmenswert zu erhöhen, kann man nicht nur durch eine Erhöhung der Rentabilität entsprechen, sondern auch durch eine Reduzierung des Risikos.

Eigenkapitalquote Die Eigenkapitalquote ist ein wichtiges Maß für die Sicherheit und Kreditwürdigkeit eines Unternehmens. Die meisten Banken fordern, dass sie nicht unter 15 % liegt, sondern am besten über 30 %. Das Eigenkapital trägt als Risikodeckungspotenzial das gesamte Unternehmensrisiko. Alle Verluste eines Unternehmens belasten das Eigenkapitalkonto. Die Eigenkapitalquote errechnet sich durch die Division des Eigenkapitals mit der Bilanzsumme.

$$\text{Eigenkapitalquote} = \frac{\text{Eigenkapital}}{\text{Bilanzsumme}}$$

Dynamischer Verschuldungsgrad Die Angemessenheit der Verschuldung eines Unternehmens wird insbesondere durch den dynamischen Verschuldungsgrad beschrieben. Dabei werden die liquiden Mittel von den Verbindlichkeiten abgezogen und die Differenz durch den Cashflow dividiert. Die Kennzahl drückt aus, wie viele Jahre alle Cashflows des Unternehmens benötigen würden, um die Nettoverbindlichkeiten (Verbindlichkeiten minus liquide Mittel) zu tilgen. Gut ist ein Wert unter drei.

$$\text{Dynamischer Verschuldungsgrad} = \frac{\text{Verbindlichkeiten} - \text{liquide Mittel}}{\text{Cashflow}}$$

Operativer Cashflow Cashflow lässt sich übersetzen mit Zahlungsstrom. Er ist die Kennzahl, die den von einem Unternehmen erwirtschafteten Finanzmittelüberschuss beschreibt, der für Tilgung, Ausschüttungen und Investitionen zur Verfügung steht. Ein Unternehmen muss stets Einzahlungsüberschüsse erzielen, damit ausreichend Finanzmittel zur Verfügung stehen, um allen Zahlungsverpflichtungen nachkommen zu können. Die Größe Cashflow ist gegenüber bilanzpolitischen Maßnahmen wesentlich unempfindlicher als der Jahresüberschuss und wird daher als aussagekräftiger betrachtet als die Größe Gewinn. Er ist ein guter Indikator für die Finanz- und Ertragskraft des Unternehmens.

Der operative Cashflow lässt sich etwa folgendermaßen abschätzen:
Jahresabschluss
+ Abschreibungen
– Zuschreibungen
+ Zuführung zu den Rückstellungen
– Auflösung von Rückstellungen

Cashflow-Marge Diese Zahl bildet das Verhältnis vom operativen Cashflow zu den Umsatzerlösen ab. Sie zeigt an, wie viel Prozent der Umsatzerlöse nach Verrechnung der betrieblichen Auszahlungen als Zahlungsüberschuss verbleiben. Diese Kennzahl ist nur aussagekräftig, wenn sie über mehrere Jahre hinweg erhoben wird.

$$\text{Cashflow-Marge} = \frac{\text{Operativer Cashflow}}{\text{Umsatz}} \times 100$$

Die Cashflow-Marge ist ein Maß für die finanzielle Beweglichkeit eines Unternehmens. Im Allgemeinen ist eine Cashflow-Marge von fünf bis zehn Prozent als gut anzusehen.

Free Cashflow Der Free Cashflow errechnet sich, wenn man zum Cashflow die Zinsaufwendungen hinzuzählt und die Investitionen in Sachanlagen und Working Capital – also Vorräte und Forderungen – abzieht.
    Der Free Cashflow lässt sich folgendermaßen berechnen:
Operativer Cashflow
– Steuern
– Investitionen in Anlage- und Umlaufvermögen
+ Zinsaufwand

Er ist von der Finanzierungsstruktur weitgehend unabhängig und gibt an, wie viel an die Geldgeber bei konstanter Verschuldung insgesamt ausgeschüttet werden kann. Der Free Cashflow ist sozusagen der frei verfügbare Cashflow.

Umsatzrendite Die Umsatzrendite ist eine Kennzahl, die ausschließlich auf Zahlen aus der GuV basiert. Sie wird häufig auch als Umsatzrentabilität oder „Return on Sales" bezeichnet. Die Umsatzrendite drückt aus, welcher Anteil des Umsatzes dem Unternehmen als Gewinn verbleibt. Sie kann als Kennzahl für Preisänderungsrisiken interpretiert werden und zeigt Spielräume für Preisnachlässe oder den Zwang zur Kostenreduzierung auf. Eine Umsatzrendite von zum Beispiel fünf Prozent besagt, dass das Unternehmen einen Rückgang seiner Verkaufspreise um fünf Prozent verkraften kann, ohne in die Verlustzone zu gelangen. Bei Unternehmen, die mehrere Produkte anbieten, kann sie durch Konzentration auf Tätigkeitsfelder mit höheren Umsatzrenditen erhöht werden.

$$\text{Umsatzrendite} = \frac{\text{Jahresüberschuss vor Steuern} + \text{Fremdkapitalzinsen}}{\text{Umsatz}} \times 100$$

Kapitalrückflussquote Diese Kennzahl drückt die finanzielle Beweglichkeit des Unternehmens aus. Je höher die Kapitalrückflussquote ist, desto besser kann ein Unternehmen auf Umfeldveränderungen reagieren, weil sein Kapital nicht so langfristig gebunden ist. Je länger Kapital gebunden ist, desto stärker ist es tendenziell den mit zunehmendem Prognosezeitraum steigenden Risiken ausgesetzt. Nach einer Erhebung der Deutschen Bundesbank aus dem Jahr 1992 lag bei 63 % aller Unternehmen, die zwischen 1985 und 1990 scheiterten, diese Quote unter vier Prozent.

$$\text{Kapitalrückflussquote} = \frac{\text{Cashflow}}{\text{Bilanzsumme}}$$

Quick Ratio Unter Quick Ratio oder Acid Test versteht man die Liquidität zweiten Grades. Sie wird häufig zur Beurteilung der Kreditwürdigkeit eines Unternehmens verwendet und sollte idealerweise über 100% liegen.

$$\text{Quick Ratio} = \frac{\text{liquide Mittel} + \text{kurzfristige Forderungen}}{\text{kurzfristiges Fremdkapital}} \times 100$$

Kurzfristiges Fremdkapital bezieht sich hier auf eine Restlaufzeit der Forderungen von unter einem Jahr.

6.3.2 Kennzahlen zur Rentabilität

Gesamtkapitalrendite Die Gesamtkapitalrendite oder auch Gesamtkapitalrentabilität zeigt, ob eine Investition in dieses Unternehmen ökonomisch sinnvoll ist. Die Zahl erlaubt eine Aussage über die Fähigkeit des Unternehmens, Vermögenswerte rentabel zu nutzen. Viele Investoren steigen erst bei einer Gesamtkapitalrendite von über 12 % in ein Unternehmen ein. Unternehmen mit einer Gesamtkapitalrendite von über 15 % gelten als außerordentlich profitabel. Allerdings hängt die Höhe der erzielbaren Gesamtkapitalrendite auch von der Branche ab und vor allem von den Risiken, die das Unternehmen eingeht.

Die Kennzahl drückt die Verzinsung des eingesetzten Fremd- und Eigenkapitals aus. Dabei sollten dem Jahresergebnis die (Netto-)Zinsaufwendungen für Fremdkapital hinzugerechnet werden. Als durchschnittliches Gesamtkapital wird der Durchschnitt der Bilanzsumme am Anfang und am Ende der Untersuchungsperiode angesetzt.

$$\text{Gesamtkapitalrendite} = \frac{\text{Jahresüberschuss} + \text{Fremdkapitalzinsen}}{\text{Gesamtkapital}}$$

Eine ähnliche Kennzahl ist der ROCE (Return on Capital Employed)

Mit dieser Kennzahl wird der operative Gewinn vor Steuern in Beziehung zum betriebsnotwendigen Kapital gesetzt. Dadurch werden verzerrende Faktoren wie Gebäude, die nicht betriebsnotwendig sind, neutralisiert.

$$\text{ROCE} = \frac{\text{EBIT}}{\text{Capital Employed}} \times 100\%$$

Der EBIT wird wie folgt berechnet:
Gesamtleistung
− variable Kosten
= Deckungsbeitrag I („Rohertrag")
− fixe zahlungswirksame Kosten
= EBITDA („Brutto-Cashflow")
− Abschreibung
= EBIT (operatives Betriebsergebnis vor Zins und Steuern)

Das Capital Employed, also das betriebsnotwendige Vermögen, setzt sich wie folgt zusammen:
Betriebsnotwendiges Anlagevermögen

+ Umlaufvermögen
− Verbindlichkeiten aus Lieferung und Leistungen
− erhaltene Anzahlungen

Rohertragsquote   Die Rohertragsquote wird auch Bruttogewinnspanne genannt, im Handel heißt sie Handelsspanne. Diese Kennzahl wird gerne im Branchenvergleich verwendet. Sie zeigt Handlungsspielräume für mögliche Preissenkungen auf, wenn zum Beispiel der Wettbewerb oder saisonale Einflüsse dies erfordern. Die Rohertragsquote gibt an, wie viel Prozent der Umsatzerlöse nach Verrechnung der variablen Kosten zur Abdeckung der übrigen betrieblichen Infrastruktur zur Verfügung stehen.

$$\text{Rohertragsquote} = \frac{\text{Rohertrag}}{\text{Umsatz}} \times 100\%$$

EBIT-Marge   Die EBIT-Marge bildet das prozentuale Verhältnis von EBIT zu den Umsatzerlösen eines Unternehmens ab. Damit kann die Ertragskraft eines Unternehmens eingeschätzt werden.

$$\text{EBIT-Marge} = \frac{\text{EBIT}}{\text{Umsatz}} \times 100\%$$

6.3.3   Kennzahlen zur Unternehmensbewertung

Die Unternehmensbewertung ermittelt den Wert eines Unternehmens als Ganzes. Dafür sind umfangreiche Analysen und Prognosen nötig. Wir gehen in Kap. 3 ausführlich auf die Unternehmensbewertung und die damit in Zusammenhang stehenden Kennzahlen ein. Deshalb finden Sie hier nur eine Zusammenfassung.

Unternehmenswert Die Ansätze zur Berechnung des Unternehmenswerts orientieren sich an der Umsetzbarkeit in der Praxis. Dabei werden insbesondere betriebswirtschaftlich aussagekräftige Größen sowie unter Risikogesichtspunkten berechnete Kapitalkostensätze herangezogen. Zur Ermittlung des Unternehmenswerts eignen sich dann, je nach Zielsetzung des Unternehmens, unterschiedliche methodische Ansätze. Die drei wichtigsten sind:

- Discounted-Free-Cashflow-Methode

$$UW = \sum_{t=1}^{\infty} \frac{fCF_t}{(1 + WACC)^t} - FK_0$$

- Statisches Ertragswertmodell

$$UW_{stat} = \frac{EBIT \times (1 - s)}{WACC} - FK_0$$

- Zwei-Phasen-Wachstumsmodell

$$UW = \sum_{t=0}^{T} \frac{fCF}{(1 + WACC)^t} + \frac{fCFT_T + 1}{(WACC - wk)(1 + WACC)^{T+1}} - FK_0$$

Allen Modellen gemeinsam ist die Tatsache, dass die Berechnung des Unternehmenswerts – trotz aller vereinfachenden Annahmen über die Entwicklung der Werttreiber – noch immer ziemlich komplex und damit schwierig zu kommunizieren ist. Deshalb tendiert man in der Praxis dazu, für die Beurteilung des Erfolgs einer Periode den Wertbeitrag zu verwenden. Anders als der Unternehmenswert nutzt er nur tatsächlich realisierte Informationen und keine prognostizierten.

EVA EVA bedeutet „Economic Value Added". Diese Kennzahl wird verwendet, um die aufwändige Berechnung des Unternehmenswerts zu umgehen und einfacher darzustellen. EVA bildet einen Wertgewinn ab, mit dem man den Erfolg einer Periode betrachten kann, allerdings nur rückwirkend. EVA errechnet sich, indem man vom operativen Betriebsergebnis (EBIT) die Kapitalbindung (CE) zum Kapitalkostensatz (WACC) subtrahiert.

$$EVA = EBIT - (CE \times WACC)$$

WACC WACC ist die Abkürzung für „Weighted Average Cost of Capital", also für den gewichteten durchschnittlichen Kapitalkostensatz. Die WACC bestimmen die Mindestverzinsung unter Risikogesichtspunkten. Sie werden zur Berechnung zahlreicher Unternehmenswertmodelle mit einbezogen.

Da die Zinsen von Eigenkapital (als Risikodeckungskapital) und Fremdkapital unterschiedlich ausfallen, müssen für das Eigenkapital Risikoaufschläge mit eingepreist werden. Der Zinssatz für das Eigenkapital liegt dementsprechend immer über dem Fremdkapital. Da es sich bei der Berechnung um eine Nachsteuerbetrachtung handelt und Zinsen für Fremdkapital steuerlich abgesetzt werden können, ist der Fremdkapitalzinssatz entsprechend zu reduzieren.

Der WACC-Wert errechnet sich folgendermaßen:

$$WACC = EK/GK \times k_{EK} + FK/GK \times k_{FK} \times (1 - s)$$

EK = Eigenkapital
FK = Fremdkapital
GK = Gesamtkapital
k_{EK} = Eigenkapitalkostensatz
k_{FK} = Fremdkapitalkostensatz
s = Steuersatz auf Unternehmensebene

Außer EVA gibt es noch andere Modelle. Auf die Berechnung des Unternehmenswerts sollte trotz des großen Aufwands nicht verzichtet werden.

Wertbeitragsmodell Das Wertbeitragsmodell kommt EVA inhaltlich sehr nahe. Dieser Ansatz verwendet zur Berechnung des Erfolgs eines Unternehmens die Differenz zwischen der Gesamtkapitalrendite und den Kapitalkosten (= Spread). Diese Differenz wird mit dem eingesetzten Kapital multipliziert. Daraus ergibt sich der Wertbeitrag. Erwirtschaftet ein Geschäftsfeld einen negativen Spread, vernichtet es Wert. Es ist zwar in der Lage, die Kapitalkosten zu decken, nicht jedoch einen Mehrwert zu generieren. Damit berücksichtigt der Ansatz explizit die Opportunitätskosten einer Investition. Wertbeitrag entsteht dann, wenn die Kapitalrendite (ROCE) größer ist als die risikoabhängigen Kapitalkosten. Wie bei EVA wird auch hier nur der Erfolg während der betrachteten Periode ermittelt.

$$WB = CE \times (ROCE - WACC)$$

Literatur

Augsten, Tobias, und Hubert Koths. 2011. *Sicherung der Handlungsfähigkeit im Familienunternehmen*. Nürnberg: Leitfaden zur Krisenprävention, Weissman & Cie.

Augsten, Tobias, Peter Bömelburg, und Hendrik F. Löffler (Hrsg.). 2011. Risikomanagement im Mittelstand, Benchmarkstudie zu Stand und Perspektiven des Risikomanagements in deutschen (Familien-) Unternehmen von Weissman & Cie, Rödl & Partner, Funk RMCE, Nürnberg.

Rüsen, Tom. 2008. Krisen und Krisenmanagement im Familienunternehmen, Amazon Media EU.

Weiterführende Literatur

Monatsbericht der Deutschen Bundesbank Januar 1992: Die Untersuchung von Unternehmensinsolvenzen im Rahmen der Kreditwürdigkeitsprüfung durch die Deutsche Bundesbank, S. 34.